NOTE

SUR

LA FAMILLE COLBERT

Paris. — Imprimerie de Ad. Lainé et J. Havard, rue des Saints-Pères, 19.

NOTE

SUR

LA FAMILLE COLBERT

PARIS,

LIBRAIRIE DE FIRMIN DIDOT FRÈRES, FILS ET Cⁱᵉ,

RUE JACOB, 56.

—

1863

TABLE DES MATIÈRES.

On ne doit pas s'attendre à trouver dans cette note un travail complet sur la famille Colbert. Je me borne à reproduire de simples renseignements placés comme appendice dans un autre ouvrage et qui n'avaient d'autre but que de faire connaître cette famille d'une manière générale.

Toutefois la question si souvent controversée de l'origine de Colbert y est traitée avec quelque étendue, et plusieurs documents peu connus ou même entièrement inconnus sont imprimés ici pour la première fois.

N.-J. COLBERT.

Mars 1863.

LES COLBERT.

La famille Colbert compte parmi ses membres quatre ministres secrétaires d'État : celui que la postérité a nommé le grand Colbert, son frère Charles Colbert, marquis de Croissy, ministre des affaires étrangères, son fils Seignelay, ministre de la marine, enfin le marquis de Torcy, fils de Colbert-Croissy, et, comme son père, ministre des affaires étrangères.

Depuis deux cents ans, elle a eu vingt-sept officiers généraux, dont neuf lieutenants généraux, deux archevêques, cinq évêques, des surintendants des bâtiments, des ambassadeurs en Angleterre, en Portugal, en Suède, plusieurs chevaliers des ordres du roi, deux grand-croix de Saint-Louis, un grand-croix de la Légion d'honneur, etc.

Enfin elle a mêlé son sang à celui des d'Alègre, des Beauvilliers, des Rochechouart-Mortemart, des Montmorency, des La Rochefoucauld, des Albert de Luynes, des Gontaut-Biron, des Escoubleau de Sourdis, des Clermont-d'Amboise, des Goyon-Matignon, des Bourdeille, des du Plessis-Châtillon, des Crussol-d'Uzès, des Noé, des Luppé, des Béthune, des Mailly, des Franquetot de Coigny, des Senneterre, des Ancezune, des d'Estaing, des Rouxel de Médavy, des d'Anglure-Bourlemont, des Furstenberg, des la Tour et Taxis, des Spinola..., etc., etc.

Je ne parlerai point ici de Jean-Baptiste Colbert : son histoire est partout. Je dirai même peu de chose des trois autres ministres qui, bien que fort effacés par sa gloire, sont cependant généralement connus. Mais je donnerai quelques détails sur plusieurs membres de la famille Colbert, afin de faire connaître l'esprit de cette famille. Il y en a d'ailleurs quelques-uns qui méritent de n'être pas tout à fait oubliés.

Chose singulière, ces Colbert qui doivent l'illustration de leur nom à un grand homme dans les choses de la paix, à un ministre créateur, organisateur de tout ce qui redoute la guerre, et qui passa sa vie à la déplorer, ont été depuis deux cents ans saisis comme d'une manie guerrière : une véritable *folie de l'épée,* pour me servir de la spirituelle expression d'un écrivain moderne [1], semble s'être emparée d'eux. Presque tous, tous on peut le dire, se sont jetés dans la carrière des armes ; un grand nombre, on l'a vu, sont devenus officiers généraux ; quatorze ont péri sur les champs de bataille [2].

---

[1] Le regrettable M. de Molènes.

[2] Jean Colbert (troisième fils de Jean Colbert, seigneur de Terron), tué en 1654, capitaine au régiment de Navarre.

Rémi Colbert (quatrième fils du même Jean Colbert), tué en 1655, également capitaine au régiment de Navarre.

Édouard Colbert, marquis de Villacerf, tué à la bataille de Cassel, le 11 avril 1677, capitaine au régiment de Tilladet.

Antoine-Martin Colbert (troisième fils du grand Colbert), tué à

Parmi les lieutenants généraux, l'un d'eux, Maulevrier[1], avait, dit Saint-Simon, « beaucoup de réputation à la guerre, et il la méritoit; elle lui avoit valu l'Ordre[2], un gros gouvernement et force commandements en chef. »

la tête du régiment de Champagne, dont il était colonel, à l'attaque de Valcourt, le 25 août 1689.

Charles-Édouard Colbert, comte de Sceaux (sixième fils du grand Colbert), tué à la tête du régiment de Champagne qu'il commandait à la bataille de Fleurus, 1er juillet 1690.

Jean-Baptiste Colbert (fils de Michel Colbert, intendant d'Alençon), tué le 2 juillet 1691, servant comme volontaire dans le régiment de la Lande, cavalerie.

Michel-François Colbert, marquis des Payens, inspecteur général de la cavalerie, mestre de camp du régiment de Berry, cavalerie, tué d'un coup de canon au siége de Furnes, le 5 janvier 1693.

Jean-Baptiste Colbert, comte de Maulevrier, colonel du régiment de Navarre, tué en défendant le poste de la hauteur de Bouge dépendant de la ville de Namur, le 18 juillet 1695.

Jules-Armand Colbert, marquis de Blainville (quatrième fils du grand Colbert), lieutenant général des armées du roi, né en 1664, tué à la seconde bataille d'Hochstædt, le 13 août 1704.

François-Édouard Colbert, marquis de Maulevrier, brigadier des armées du roi, tué en 1706.

Hugues Colbert (troisième fils de Nicolas Colbert, seigneur de Turgis), lieutenant des galères, tué au siége de Barcelone.

François-Louis Colbert, marquis de Croissy, mousquetaire noir, tué le 27 mai 1743, à la bataille de Dettingen.

Joseph-Edme-François de Sales Colbert, comte de Poligny, mort sur le vaisseau *le Thésée*, coulé à fond à la bataille livrée entre le maréchal de Conflans et l'amiral Hawk, à la hauteur de Belle-Isle, le 20 novembre 1759.

Auguste-François-Marie Colbert, tué le 3 janvier 1809, à Calcabellos (Espagne), commandant l'avant-garde du 2e corps, Campagne de la Corogne.

[1] Édouard Colbert, comte de Maulevrier.

[2] Du Saint-Esprit; ce qu'on appelait le *Cordon bleu*, faveur alors fort recherchée.

Il ne fut pas compris dans la promotion de maréchaux de France en 1693, ce que « le monde trouva mauvais, » ajoute Saint-Simon. Pour lui, il en conçut une si vive douleur qu'il en mourut.

Un autre, le marquis de Blainville, fort distingué par son esprit, très-grand ami de Fénelon, qui lui recommande assez singulièrement, dans une de ses lettres, « de ne pas se laisser ensorceler par les attraits diaboliques de la géométrie [1], » avait renoncé à la charge de grand-maître des cérémonies pour se livrer tout entier au métier des armes.

Au combat de Steinkerque, où il commandait le régiment de Champagne, apprenant que la droite de l'armée était compromise, Blainville y court à la tête de son régiment. Franchissant les haies, il tombe à l'improviste sur l'ennemi, à la baïonnette, et détruit en partie les gardes anglaises. Le maréchal de Luxembourg dit dans son rapport au roi : « Champagne eut affaire aux gardes anglaises qui s'en sont mal trouvées. » Le régiment eut, dans cette affaire, en tués et blessés, 63 officiers et 205 soldats. Blainville avait été lui-même dangereusement atteint.

En 1702, il fut chargé de défendre Kaiserswerth, petite ville sur le Rhin, du côté de l'Allemagne. Pendant cinquante-neuf jours de tranchée ouverte, il tua aux ennemis plus de six mille hommes. Lorsqu'il rendit la place, elle n'était plus qu'un monceau de ruines, et lui-même dicta les conditions de la capitulation.

A la seconde bataille d'Hochstædt, en 1704, il comman-

---

[1] *Correspondance de Fénelon.* Paris, Ferra jeune. 1827-29, t. V, p. 514.

dait, comme lieutenant général, l'infanterie de l'aile droite. Au moment où il se trouvait près de son ancien régiment, le régiment de Champagne, qui faisait partie des troupes placées sous ses ordres, il fut frappé à mort. « Régiment de Champagne, dit-il à ceux qui se pressaient autour de lui, il vous faut bien des Colbert! » En effet, deux de ses frères, le bailli de Colbert, en 1689, au combat de Valcourt, et le comte de Sceaux, à Fleurus, avaient été tués à la tête de ce même régiment dont ils avaient été successivement colonels. — A cette même journée d'Hochstædt, ce fut le marquis de Seignelay, neveu de Blainville, qui, à la tête de huit compagnies de grenadiers, soutint la retraite de l'aile droite et « s'acquitta bravement de cette tâche périlleuse, sans se laisser entamer [1]. »

Saint-Simon dit, en parlant du marquis de Blainville : « Il alloit au plus grand, et, avec cette fine valeur de tous les Colbert, avoit toutes les parties du capitaine [2]. »

Le même Saint-Simon nous fait encore connaître les Colbert sous un autre point de vue. L'anecdote suivante qu'il raconte peut nous faire juger de leur manière d'être et de cette franchise de langage qu'on appelait alors leur *rudesse*. Il s'agit d'Édouard Colbert, appartenant à la branche de la famille connue sous les noms de Villacerf, Saint-Pouange, Chabanais :

« Villacerf, dit Saint-Simon, avoit passé une longue vie extrêmement bien avec le roi (Louis XIV) et si familier avec

[1] Susane, *Histoire de l'ancienne infanterie française*, t. III, p. 146-47.
[2] *Journal du marquis de Dangeau, publié pour la première fois par MM. Soulié, Dussieux, de Chennevières, de Montaiglon, avec les additions inédites du duc de Saint-Simon.* T. X, page 107.

lui, qu'étant d'une de ses parties de paume d'autrefois, où il jouoit fort bien, il arriva une dispute sur sa balle, et il étoit contre le roi, qui dit qu'il n'y avoit qu'à demander à la reine qui les voyoit jouer de la galerie. » — « Par... ! Sire, dit Villacerf, s'il ne tient qu'à faire juger nos femmes, je vais envoyer quérir la mienne. » — « Il étoit cousin germain et dans la plus intime et totale confiance de M. de Louvois, qui, du consentement du roi, l'avoit fait entrer en beaucoup de choses secrètes, et le roi avoit toujours conservé pour lui beaucoup d'amitié, d'estime et de distinction [1]. »

Un membre de cette branche, le marquis de Saint-Pouange, épousa, en 1702, Angélique d'Escoubleau de Sourdis, fille unique du marquis de Sourdis, lieutenant général, chevalier des ordres, gouverneur de Guyenne. Elle apporta dans la famille Colbert la terre de Chabanais, qui avait titre de principauté; elle la tenait de sa grand'mère Jeanne de Montluc et de Foix, comtesse de Carmain, princesse de Chabanais, dame de Montesquiou [2], qui elle-même était fille d'Adrien de Montluc, comte de Cramail [3], fils de Fabien de Montluc, quatrième fils de Blaise de Montluc, maréchal de France.

---

[1] *Mémoires du duc de Saint-Simon*, t. II, p. 354.

[2] *Histoire généalogique et chronologique de la maison royale de France, des pairs, maréchaux de France, grands officiers de la couronne*, par le P. Anselme, t. VII, p. 293, C. D. E.

[3] Le comte de Cramail était un des beaux esprits du temps de Louis XIII, de la coterie de galants de cour qu'on appelait *les Intrépides*. Mis à la Bastille par Richelieu, il n'en sortit qu'après une captivité de douze années. La reine Marie de Médicis avait, dit-on, voulu le faire gouverneur du roi Louis XIII. Sous le nom de Devaux, écuyer, sieur de los Caros, il publia les *Jeux de l'Inconnu*, Rouen,

Par le mariage de François-Gilbert Colbert, marquis de Chabanais, avec Jeanne Colbert de Croissy, la branche de Croissy, aujourd'hui éteinte, est venue se fondre dans celle de Chabanais. Jeanne Colbert était fille du comte de Croissy, lieutenant général, ambassadeur de France en Suède. « Envoyer un homme à la tranchée, dit Voltaire, ou en ambassade près de Charles XII, c'était presque la même chose. Le roi entretenait Croissy des heures entières dans les endroits les plus exposés, pendant que le canon et les bombes tuaient tout le monde à côté et derrière eux, sans que le roi s'aperçût du danger et que l'ambassadeur voulût lui faire soupçonner seulement qu'il y eût des endroits plus convenables pour parler d'affaires. Ce ministre fit ce qu'il put avant le siége de Stralsund pour ménager un arrangement entre les rois de Suède et de Prusse ; mais celui-ci demandait trop, et Charles XII ne voulait rien céder. Le comte de Croissy n'eut donc, dans son ambassade, d'autre satisfaction que de jouir de la familiarité de cet homme singulier. Il couchait souvent auprès de lui, sous le même manteau. Il avait, en partageant ses dangers et ses fatigues, conquis le droit de lui parler en liberté. Charles encourageait cette hardiesse dans ceux qu'il aimait. Il disait quelquefois au comte de Croissy : *Veni, maledicamus de rege ;* Allons, disons un peu de mal de Charles XII [1] ! »

En 1789, la branche de Colbert-Chabanais était repré-

1630-37. On a encore du comte de Cramail la *Comédie des proverbes,* Troyes, 1639, et les *Nouveaux et illustres proverbes historiques,* 1665, 2 volumes. Régnier lui adressa une de ses satires, intitulée *les Poëtes.*

[1] Voltaire, *Histoire de Charles XII,* t. XXIII, p. 313-314 de l'édition de Kehl, 1785.

sentée par François-Gilbert Colbert, né en 1781, pair de France sous la Restauration, mort en 1857, et par ses cousins germains, Ambroise Colbert, qui émigra, et Édouard, Alphonse et Auguste, partant en 1793, le sac sur le dos, dans les armées de la République[1].

J'ai, par quelques détails biographiques, indiqué le côté militaire de la famille Colbert ; j'aurais pu multiplier ces détails ; les personnes qui voudront en savoir plus long à cet égard pourront consulter la *Chronologie militaire* de Pinard, où les Colbert ont de belles et nombreuses pages[2].

Je dois enfin, pour rendre cette rapide notice moins incomplète et montrer un peu cette famille sous toutes ses faces, parler de ses évêques. J'en citerai deux seulement : Jacques-Nicolas Colbert, archevêque de Rouen en 1690, était distingué par son esprit, ses lumières, et par un sentiment de tolérance à l'égard des calvinistes, fort peu commun dans ce siècle, Il le manifesta même, dans un discours qu'il adressa au roi, au nom du clergé

---

[1] Les autres membres de la famille, existant alors, étaient :

De la branche Turgis détachée de la branche Saint-Pouange:

Étienne-Édouard-Louis Colbert, marquis du Cannet, capitaine de vaisseau.

De la branche Seignelay :

Armand-Marie-Louis Colbert, marquis de Seignelay, né en 1771, mort sans enfants.

De la branche Maulevrier :

Édouard-Victurnien-Charles-René Colbert, comte de Maulevrier, né en 1754, mort maréchal de camp ;

Édouard-Charles-Victurnien, comte de Colbert-Maulevrier, né en décembre 1758, mort contre-amiral.

[2] *Chronologie historique-militaire* de Pinard. Paris, 1761.

de France. Il fut de l'Académie française et l'un des premiers membres de l'Académie des Inscriptions et Belles-Lettres. Il avait pour les arts et les bâtiments un goût très-prononcé, que Fénelon, n'étant encore qu'abbé, s'efforça de combattre [1].

Un autre prélat, d'une physionomie beaucoup plus austère, est Charles Colbert, évêque de Montpellier. Son nom eut, dans son temps, beaucoup de retentissement. Janséniste prononcé, il fut un des opposants à la bulle *Unigenitus*. C'était, dit un contemporain [2], un des chefs du parti; insensible aux menaces comme aux récompenses, un habile et honnête homme.

L'éclat qui environne la grande figure de Jean-Baptiste Colbert a relégué dans l'ombre les autres membres de sa famille. Cependant le mérite de son fils a été assez grand pour que Voltaire ait pu dire : « Seignelay avait un génie peut-être plus vaste encore que celui de son père, » et M. de Chateaubriand a été tenté de partager cet avis. Sans aller aussi loin, ce qu'il y a de certain, c'est que, sous son ministère, notre marine militaire acquit un ascendant qu'elle n'a jamais obtenu depuis, et qu'elle triompha des deux plus redoutables nations maritimes du monde, l'Angleterre et la Hollande.

Torcy, au milieu des calamités de la fin du règne de Louis XIV, conduisit avec une grande habileté les négociations les plus difficiles, et ménagea enfin la paix d'Utrecht. C'est lui qui a dit « que le meilleur moyen de tromper les cours, c'est d'y parler toujours vrai. »

[1] *Correspondance de Fénelon*, t. V, p. 343.
[2] *Journal* de Barbier, t. II. p. 191.

Son père, Croissy, en des temps plus heureux, après avoir rempli de grandes ambassades, avait signé la paix de Nimègue. Au grand siècle, on vantait les belles dépêches de M. de Croissy.

Le mérite de ces hommes est réel, il est grand, et pourtant leur gloire est comme perdue dans celle du grand Colbert. S'il en a été ainsi pour des services aussi éminents que ceux qu'ils ont rendus, on conçoit que des détails tels que ceux que je viens de rapporter aient dû tomber dans l'oubli. Si j'ai cru devoir les rappeler, c'est qu'ils m'ont paru de nature à faire connaître l'esprit d'une famille dont madame de Maintenon disait, bien qu'elle ne l'aimât pas : « Il faut convenir qu'elle a bien servi. »

* *
*

Je suis de l'avis de ceux qui pensent que, quels qu'aient été les ancêtres de Colbert, ils ne peuvent rien ajouter ni enlever à sa renommée. Toutefois, comme son origine a été fort controversée, pour ceux qui attachent quelque importance ou quelque curiosité à des recherches de ce genre, je rapporterai ici celles que j'ai faites et je produirai des pièces que le lecteur appréciera.

Des préjugés, des passions diverses suivant les temps, se sont mêlés à cette question. Ainsi, au dix-septième siècle, tandis que la tendance des idées de l'époque portait à exalter l'origine de Colbert dans le but de le rehausser lui-même, la malignité, l'envie, ou même l'orgueil de cour, avaient poussé quelques contemporains à déprécier cette origine.

Au dix-neuvième siècle, c'est tout différent. La malignité, l'envie, ont fait place à une sincère admiration, mais le courant des idées a changé, et on croit exalter d'autant plus le mérite de Colbert qu'on le fait partir de plus bas. C'est donc en manière de louange qu'on agit ainsi, mais il faut ajouter que derrière cette louange se place un système duquel il résulterait que tout ce qu'il y a de beau et de grand ne peut sortir que des classes populaires.

C'est ainsi que tour à tour l'exactitude des faits a pu être faussée.

Au seizième siècle et au commencement du dix-septième, les Colbert étaient nombreux à Reims et à Troyes ; on les trouve placés dans des conditions fort différentes : les uns pauvres, petits marchands ou simples artisans ; d'autres, en aussi grand nombre, riches, faisant du grand commerce, comme Odart Colbert, de Troyes, qui avait des correspondants dans toute l'Europe ; ou bien, et souvent en même temps, qualifiés de *nobles*, d'*écuyers*, possédant des terres, prenant dans les actes publics les noms de seigneurs de Crèvecœur, de Magneux, d'Acy, etc..., et s'alliant, en général, à des familles appartenant à la noblesse ou à la magistrature de Champagne ou de Paris.

D'après une volumineuse correspondance, suivie de 1590 à 1635, que le savant Grosley, de Troyes, eut entre les mains, Odart Colbert, dont je viens de parler, était le centre d'une vaste association commerciale qui embrassait la France, la Flandre et l'Italie. Les associés étaient Paul Mascranni et Jean-André Lumagna, à Paris et à Lyon ; les Stampa, de Milan ; les Verteme, de Gênes ; Polaillon, de Marseille ; les Lorenzi, de Milan, qui avaient des maisons à Milan et à Anvers; les Crolalancia, de Plaisance; etc. Enfin se groupait autour d'Odart toute la partie active de la famille Colbert; « il était le patron et le point de ralliement pour une foule de frères, de neveux et de cousins [1]. » Son cousin, issu de germain, Jean Colbert, et plus tard Marie Bachelier, veuve de Jean Colbert, faisaient pour lui des achats considérables des fabriques de Reims et administraient les biens et les vignes importantes qu'il possédait dans les environs de cette ville. Les fils de Jean Colbert, l'aîné, connu sous le nom de Jean de Terron, et son frère Nicolas, père du grand Colbert, furent en partie élevés dans la maison d'Odart, puis intéressés et employés dans ses affaires.

Voici le portrait que Grosley, dans ses *Mémoires sur les Troyens célèbres* [2], trace d'Odart Colbert : « L'assemblage des lettres qu'on lui écrivait offre un négociant d'un ordre supérieur, commandant en souverain, consulté sur les spéculations et sur les entreprises que l'on poussait ou que l'on abandonnait suivant ses ordres, portant la plus scrupuleuse exactitude dans l'examen des états et des comptes... appelé patron, maître, père commun, par ceux qui avaient rapport à lui, tous à genoux autour de lui pour recevoir ses ordres, ses avis, ses secours... » — « Je redoutais, ajoute Grosley, de me jeter dans l'examen de cette correspondance; mais je m'y suis bientôt trouvé soutenu par un intérêt qui allait toujours en croissant. Elle m'offrait l'histoire d'un homme fortement résolu d'arriver, par la voie du commerce, à la fortune,

---

[1] *OEuvres inédites* de P.-J. Grosley; Paris, 1812, t. I, p. 257.
[2] *Ibid.*, t. I, p. 259 et suiv.

à la considération, à l'illustration. Sa marche heureuse est fondée sur une suite liée de vues, de spéculations, de combinaisons. Plongé dans de menus détails, attentif aux petits gains, sensible aux pertes les plus légères, impitoyable sur ses droits, tout de feu contre les procédés injustes ou équivoques, il achète très-chèrement ce que la fortune semble lui donner; mais, en suivant ses goûts, il arrive à son but, établit sa maison, et se trouve en état d'aider, de soutenir, de relever une foule de gens qui rencontrent en lui un père dur, à la vérité, mais secourable. »

Bien que celui qui devait un jour s'appeler le grand Colbert n'eût que vingt ans lorsque mourut Odart, ce patron de toute sa famille, il y a lieu de penser que ce fut dans l'exemple et les traditions de cet homme habile et de son entourage [1] qu'il puisa, au moins en grande partie, ses vues élevées sur le commerce et cette netteté dans les idées, cette précision dans les détails, que tous les historiens ont admirée en lui. — Je ne puis, d'ailleurs, m'empêcher de remarquer, en passant, qu'il me semble que, dans le portrait d'Odart, tel que nous le dé-

---

[1] Voir les curieux détails donnés par Grosley sur quelques-uns des principaux correspondants d'Odart, dont les lettres lui paraissent quelquefois « moins l'ouvrage de simples marchands que le résultat des méditations profondes d'un homme d'État. » Grosley fait particulièrement l'éloge de Lumagna, et J.-B. Colbert, dit-il, « ne pouvait avoir été formé à une meilleure école. » Mais Grosley se trompe quand il dit que ce fut des mains de Lumagna que le cardinal Mazarin reçut J.-B. Colbert. Tout le monde sait que Colbert entra d'abord chez le chancelier Le Tellier; il y fut placé par son cousin Colbert de Saint-Pouange, beau-frère du chancelier, et ce ne fut que vers 1651 qu'il fut attaché au cardinal Mazarin.

peint Grosley, plusieurs traits pourraient s'appliquer au grand ministre.

Ces témoignages, fournis par un homme honnête et désintéressé dans la question tel que Grosley [1], et basés

[1] Bien que Grosley soit d'une autorité incontestable lorsqu'il s'appuie sur la correspondance qu'il a eue entre les mains, on l'a cependant fort peu cité; je ne sache même pas que plusieurs des passages que j'ai rapportés aient jamais été reproduits jusqu'ici. Les deux témoignages sur lesquels on se fonde presque exclusivement pour établir la position de la famille Colbert avant le ministre, sont celui de l'abbé de Choisy, puis celui d'Olivier d'Ormesson, qu'on y a joint plus récemment.

Si l'on examine le passage des Mémoires de Choisy incessamment reproduit, il est d'abord facile de voir que l'auteur n'y attache pas une grande importance, pas plus, au reste, qu'il n'en attacherait, d'après ce que dit Petitot, à l'ensemble de ses Mémoires qu'on a trouvés épars en feuilles séparées, sans que rien annonçât que l'auteur eût eu la pensée de les réunir. Quant à l'homme, il passa une partie de sa vie habillé en femme, sous le nom de *la comtesse des Barres.* On peut le juger par ce qu'il dit de lui-même : « Quand je me suis trouvé à des bals et à des comédies avec de belles robes de chambre, des diamants et des mouches, et que j'ai entendu dire tout bas auprès de moi : Voilà une belle personne ! j'ai goûté en moi-même un plaisir qui ne peut être comparé à rien. » Le marquis d'Argenson a donné de l'abbé de Choisy un portrait qui, selon Petitot, paraît plein de vérité : « Il faut que je convienne que ce n'était pas un homme fort estimable ; son âme était faible et il avait bien plus l'esprit de société que celui de conduite. Mais il parvint à être de l'Académie française et à se faire une sorte de réputation dans cette compagnie, parce qu'il parlait et écrivait bien. D'ailleurs, il n'a paru ni digne d'être évêque ni d'être employé dans aucune affaire importante. Il se sentait toujours de l'éducation efféminée qu'il avait reçue, et, n'étant plus d'âge à s'habiller en femme, il ne s'est jamais trouvé capable de penser en homme. » (Mémoires du marquis d'Argenson, p. 232. Paris, 1823.)

Pour d'Ormesson, je ne dirai pas qu'on doit le récuser parce qu'il était l'ennemi de Colbert; je donnerai, au contraire, en entier,

sur une correspondance dont on ne peut mettre en doute
l'authenticité, indiquent déjà d'une manière assez précise

le passage où il s'attache particulièrement à Colbert et à sa famille, ce
que l'éditeur de ses Mémoires, M. Chéruel, appelle *ses attaques
contre Colbert;* les reproduire, c'est en faire justice :

« Ces deux mariages (des filles de Colbert) à deux ducs font parler,
et marquent la haute fortune de M. Colbert. — Pour admirer davantage
ce que peut la fortune, M. Carpentier m'a dit connaître depuis longtemps toute la famille de M. Colbert; que M. Colbert, sieur de Vandières, son père, était marchand de camelot à Rheims, demeurant à
l'enseigne du *Long-Vestu;* qu'ayant donné un soufflet à un avocat,
il fut obligé de venir à Paris et demeura toujours depuis dans la rue
Grenier-Saint-Ladre, où il est mort, et acheta une charge de payeur
des rentes de la ville. M. de Montmort m'a dit plusieurs fois que le
sieur Colbert, payeur, avait fait deux fois banqueroute, et que son
père lui avait aidé deux fois à se relever. Pour moi, j'ai vu ce bon-
homme petit marguillier à Saint-Nicolas ; il avait fort bonne façon et
était honnête homme.

« Pour M. Colbert le favori, M. Carpentier m'a encore dit qu'il l'a vu
étudier au collége de Rheims et qu'il avait l'esprit si pesant qu'il fut
toujours des derniers de ses classes ; qu'à cause de cela il en fut retiré
et mis à Paris chez un notaire nommé Chapelain, où il était encore
si lourd qu'on s'en étonnait. Depuis, il entra petit commis chez Sab-
bathier, et sa fortune a commencé par M. de Saint-Pouange auquel
M. Le Tellier, devenu secrétaire d'État, ayant donné sa première
commission, comme à son beau-frère, il y mit M. Colbert son parent,
pour faire le travail, et lui prenait les appointements ; qu'après quelques années, M. Le Tellier l'ôta de sa maison, reconnaissant son esprit peu sociable, et le donna à M. le Cardinal pour conduire ses
affaires domestiques. Étant fort économe il gagna aussitôt l'esprit
de M. le Cardinal qui était avare. Voilà son élévation.

« M. Carpentier m'a encore dit que M. Colbert dansait fort bien,
et que c'était sa plus forte passion. J'ai appris que le soir des fian-
çailles de sa fille, il avait dansé dans son domestique deux courantes,
et fort bien. Le sieur Carpentier m'a encore dit que M. Colbert, le
maître des requêtes, avait l'esprit fort pesant, mais de grand travail,
fort défiant, peu ouvert, et ne parlant point à ses plus familiers,
aimant la grande dépense et à danser, et dansant fort bien, altier et

la position de la famille Colbert au seizième siècle et au commencement du dix-septième ; j'ajouterai cependant quelques détails qui, je le crois, serviront à faire complétement connaître cette position.

Je citerai d'abord non point un titre particulier, mais un témoignage public, irrécusable, celui d'un livre imprimé à Reims en 1608, et qui est entre les mains de quelques curieux, c'est le *Philomène rémois*,[1] dédié à Jean Colbert, seigneur de Terron[2], et contenant des poésies faites à l'occasion de son mariage avec Marie de Bigni-

colère. J'appris encore de lui que le père de M. Pussort était un marchand de drap de Rheims, qui s'allia avec M. Colbert de Vandières. » (*Journal d'Olivier Lefebvre d'Ormesson, publié par M. Chéruel*, t. II, p. 486 et suiv.)

[1] Le *Philomène rémois*, ou Chant pastoral sur les Nopces du sieur Jean Colbert et de damoiselle Marie de Bignicourt, célébrées le quatrième jour de février 1608. — A Reims, chez Simon de Foigny, à l'enseigne du *Lion*, 1608.

L'auteur est G. Baussonnet. En 1592 il était jeune clerc chez Bergier, l'auteur de l'*Histoire des grands chemins de l'Empire romain*, procureur au Présidial de Reims. Bergier dit de lui, dans son *Bouquet royal* : « Quant au sieur Baussonnet, outre la gentillesse de ses inventions et la parfaite politesse qui se voit en ses vers, il est fort entendu en tout ce qui dépend de la sculpture et de la peinture. »

Lors de la venue du roi Louis XIII en la ville de Reims, il fut chargé des décorations et de la plupart des travaux.

(Extrait d'une lettre adressée en 1839 par M. Louis Paris, bibliothécaire de la ville de Reims, à M. de Monmerqué, et qui est jointe à l'exemplaire du *Philomène*, dont M. Grangier de la Marinière, bibliophile distingué, a bien voulu se dessaisir en ma faveur.)

[2]   Encor qu'il soit seigneur des plaines
    Du lieu de Tairon, qui sont pleines
    Du gros amas de ses troupeaux.

(PHILOMÈNE, p. 31.)

Voici quelques autres vers qui peuvent donner une idée de la ma-

court. En général, les auteurs et les poëtes ne dédiaient pas leurs livres à des gens de condition obscure.

Je possède le testament de ce Jean Colbert de Terron : il témoigne d'une fortune considérable ; il fait un legs particulier des livres, tableaux, antiquités, figures, etc., qui se trouvent dans son cabinet.

Quant à son frère Nicolas, père du grand Colbert, qui, ainsi que nous l'avons vu, avait été également associé aux affaires d'Odart, voici ce qu'on trouve de positif à son sujet :

Dans son contrat de mariage, passé le 25 septembre 1614, sa mère, Marie Bachelier, veuve de Jean Colbert, « écuyer, seigneur de Terron, conseiller du roi et contrôleur général des finances des provinces de nière du poëte et du genre de louanges qu'il adresse à ceux qu'il chante :

> C'est donc un nommé Philomène
> Rempli de vertu plus qu'humaine,
> Dont je viens or' de discourir :
> Berger qui voit clair en mon âme
> Vers qui mon amitié s'enflame
> D'un feu qui ne sçauroit périr.
>
> Or ce Berger que tant j'estime
> Est fils du pasteur Phylotime,
> Qui durant sa vie autrefois
> Cognut les pastis plus sauvages,
> Puis vint servir sur ces rivages
> Le plus grand Berger des François.
>
> Sa mère est la nymphe Aristose,
> Qui, jeune d'ans, ne se propose
> Rien plus que sa viduité,
> Vray miroir aux plus chastes dames
> De garder leurs premières flames
> Au fouier de l'éternité.

Picardie et de Bourgogne, » constitue en dot à son fils Nicolas Colbert, « écuyer, seigneur de Vandières, la somme de 15,000 livres en deniers clairs, s'engage à l'acquitter de toutes dettes et promet d'habiller la mariée Marie Pussort, fille de Henry Pussort, écuyer, seigneur de Cernay-les-Reims, d'habits nuptiaux, bagues et joyaux, jusqu'à la somme de 1,500 livres, moyennant quoi ladite dame Bachelier demeurera quitte et déchargée de rendre aucun compte de ce qu'elle a touché des revenus de son fils depuis la *garde-noble* finie, et jouira sa vie durant des héritages dépendants de la succession de Jean Colbert. » De son côté, la mariée recevait en dot une somme de 18,000 livres [1].

En 1626, Nicolas Colbert reçoit les provisions de gouverneur pour le roi de la ville et du château de Fismes, fonctions déjà remplies par plusieurs membres de sa famille. Le 19 juillet 1627, il rend foi et hommage à François de Roye de la Rochefoucauld, comte de Roucy, à cause de son château de Roucy, de la terre et seigneurie de Vandières, consistant en maison seigneuriale, moyenne et basse justice, droits de chasse, rentes, droits seigneuriaux, et en terres labourables, prairies, etc. En 1630, on le trouve habitant Paris ; en 1641, maître d'hôtel ordinaire du roi ; enfin, en 1652, conseiller d'Etat ; mais à cette dernière époque intervient évidemment le crédit de son fils.

Maintenant, si nous passons à un examen plus particulier de la position que pouvaient avoir les Colbert en tant que famille noble et de leurs prétentions à cet égard :

---

[1] Ces diverses sommes représentent une valeur cinq ou six fois plus considérable en monnaie d'aujourd'hui.

Le 31 mai 1649, Antoine-Gabriel Colbert de Saint-Pouange fait ses preuves pour être reçu chevalier *de justice* dans l'ordre de Saint-Jean de Jérusalem (Malte).

Parmi les titres qu'il produit est un aveu par lequel Gérard Colbert, écuyer, seigneur de Magneux, père de son bisaïeul, rend le 20 mai 1540 foi et hommage pour la terre et seigneurie de Crèvecœur, consistant en un château fossoyé de toutes parts, six cent vingt arpents de prés, quinze arpents de pâturages ; haute, moyenne et basse justice sur ledit château et héritage ; — lequel aveu il signe et scelle du sceau de ses armes.

Il résulte de toutes les pièces et témoignages consignés au procès-verbal, que les armes de la famille Colbert sont un *serpent ou couleuvre d'azur sur un fond d'or*.

De nouvelles preuves pour l'ordre de Malte ont été encore faites par d'autres membres de la famille, en 1668, 1676 et 1688.

Dans les pièces produites lors des preuves pour l'ordre du Saint-Esprit en 1688 par Édouard Colbert, comte de Maulevrier, preuves visées par les ducs de Saint-Simon et de Montausier, est encore cité un aveu et dénombrement rendu en 1587 par Simon Colbert, seigneur d'Acy, au duc et à la duchesse de Nivernois et Réthelois, lequel aveu est scellé des armes de Simon Colbert, et ces armes sont *une couleuvre*.

Je pourrais multiplier beaucoup les citations de ce genre, basées sur des pièces ayant un grand caractère d'authenticité [1].

---

[1] Voir ci-après, p. 330, des extraits d'une pièce signée par d'Hozier de Sérigny. Elle est en ma possession, ainsi que plusieurs pièces originales qui viennent la confirmer.

J'arrive ici à une autre série de documents. •

Une requête du 4 juin 1686, signée par vingt-trois des principaux seigneurs d'Écosse, adressée au roi Jacques VII (Jacques II d'Angleterre), « supplie humblement la majesté royale et l'auguste assemblée du parlement, de vouloir bien, conformément à la teneur de la présente, contenant toutes choses dont la vérité est généralement reconnue, faire expédier en la chancellerie des lettres de naturalité, scellées du sceau royal, pour rendre l'illustre et très-noble famille des Colbert de France à ses amis et à son ancienne patrie, pour fermer la bouche de l'envie et pour donner un témoignage si certain de la vérité qu'il ne puisse y avoir aucune contestation à l'avenir [1]. »

L'année suivante, cette requête convertie en acte du parlement confirmé par lettres patentes du roi Jacques VII d'Écosse (Jacques II d'Angleterre) de l'année 1687, enregistrées au même parlement et scellées du grand sceau du royaume, atteste que la maison des Colbert de France est sortie d'Écosse et reconnue par les branches qui sont encore dans ce pays; que, vers 1280, Édouard Colbert et Marie Lindsay d'Edzell, sa femme, vinrent en France, s'y établirent et sont là tige des diverses

---

[1] Voici les noms des signataires : Perth, comte et chancelier; Athol, marquis, garde du sceau royal; Gordon, duc; Keith, comte, maréchal d'Écosse; Errol, comte, connétable d'Écosse; Livingston, comte, justicier général d'Écosse; Lyon, comte de Strathmore et Kinghorn; Maitland, comte Lauderdale; Southesk, comte; Early, comte; Northesk, comte; Kintore, comte; Breadalbane, comte; Tarbat, vicomte, garde des archives; Lovat, baron; Irvine, baron de Drum; Ross, baron de Balnagowan; Macintosh, baron; Calder, baron; Rose, baron de Kilravock; Culbert, baron de Drakies; Maclean, baron de Brolish; Dallas, baron de Saint-Martin.

branches de la famille Colbert qui y existent aujourd'hui; qu'enfin les Colbert de France et ceux d'Écosse portent les mêmes armes, qui sont *d'or au serpent d'azur*, avec cette seule différence que ceux d'Écosse y ajoutent une *fasce de gueules* qui leur a été donnée en mémoire des belles actions que fit l'un d'eux à la bataille de Harlaw, en 1411[1].

Les mêmes faits sont encore attestés par une lettre de George Cothbert, baron de Castlehill, du 28 juillet 1681, et par une déclaration de la même année des habitants de la ville d'Inverness, lieu d'habitation des Colbert d'Écosse, et où ils possédaient la baronnie de Castlehill.

Enfin, un témoignage du lord Lyon, héraut d'armes, daté de 1772, revisé en 1816, vient également confirmer et l'authenticité de l'acte du parlement, et les faits qu'il contient[2].

[1] Armes des Colbert d'Écosse avant 1411 et telles qu'elles étaient portées au seizième et au dix-septième siècle et sont encore portées aujourd'hui par les Colbert de France :

D'or à la bisse ou couleuvre d'azur.

Armes des Colbert de Castlehill depuis 1411 :

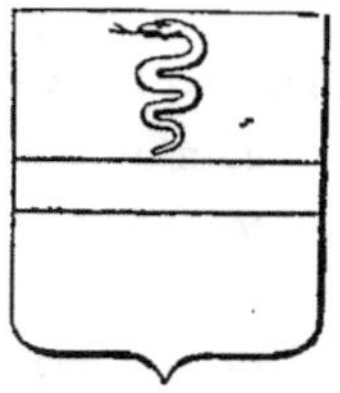

Fasce de gueules accompagnée en chef d'une bisse ou couleuvre d'azur.

[2] Voir ci-après (p. 334 à 384) la lettre de G. Cothbert; la déclara-

Qu'on suppose maintenant que les preuves faites pour l'ordre de Malte, en 1649 [1], que celles produites en 1668, 1676 et 1688, n'aient été qu'autant de concessions arrachées à l'ordre ;

Que les preuves faites pour l'ordre du Saint-Esprit ne soient qu'autant de mensonges attestés par les ducs de Saint-Simon et de Montausier, par les d'Hozier, les Chérin, les Clairambault, ayant, comme généalogistes de l'ordre, un caractère public [2] ;

Que la requête adressée au roi Jacques VII d'Écosse par les principaux seigneurs de ce pays, l'acte du parlement, les lettres patentes du roi, la déclaration faite par les habitants de la ville d'Inverness, l'attestation du héraut d'armes d'Écosse, n'aient été que des *actes de complaisance* accordés à la vanité d'une famille devenue puissante ; toujours est-il que deux faits subsistent :

C'est qu'il y avait en France, au seizième siècle et au commencement du dix-septième, une famille du nom de Colbert, portant, à tort ou à raison, *une couleuvre pour armes* [3], et qu'il existait en Écosse une famille

---

tion des magistrats d'Inverness ; des extraits de la requête des seigneurs écossais ; les lettres patentes de Jacques VII ; enfin le certificat et témoignage du lord Lyon, grand juge d'armes d'Écosse, dont l'original en parchemin, revêtu de tous les témoignages qui en constatent l'authenticité, est en la possession du baron Colbert de Castlehill, qui a bien voulu me le communiquer.

[1] L'admission par le Grand-Maître eut lieu en 1647 ; les preuves furent faites en 1649. (Voir le *Catalogue des chevaliers de l'ordre de Saint-Jean de Jérusalem*, fol. 179, mss. de la bibliothèque de l'Arsenal. Pour les autres preuves, notamment celles de 1668, même source, fol. 427.)

[2] Voir ci-après, p. 384, la déclaration de Clairambault, dont je possède l'original.

[3] Indépendamment des preuves que j'ai fournies de la possession

portant les mêmes armes depuis un temps fort reculé, et un nom que la prononciation des divers pays, même en Écosse et en Angleterre, a pu faire un peu varier, mais qui conserve toujours une grande analogie : Cuthbert, Culbert, Cobbert, Colbert. (V. à cet égard p. 355 et 370.)

Des membres de la famille écossaise de Colbert–Castlehill sont établis en France depuis plusieurs générations (depuis 1713 environ). L'un d'eux était, avant 1789, évêque de Rhodez, et fut député du clergé à l'Assemblée constituante. — Tous ces Colbert de Castlehill se sont toujours considérés comme ayant la même origine que ceux de France, et continuent d'entretenir avec eux des relations de parenté. Leur représentant actuel est le baron Louis Colbert de Castlehill, demeurant à Saint-Omer.

Quelle que soit la manière dont on envisage ces faits, et en n'adoptant même que leur portée la plus restreinte, toujours est-il qu'ils s'éloignent beaucoup de l'opinion qui semble s'établir et s'accréditer dans des livres sérieux sur l'origine toute plébéienne de Colbert et le milieu tout *populaire* dans lequel il aurait été élevé.

de ces armes par les Colbert de France, possession attestée par de nombreux actes publics, on peut se rappeler qu'à l'occasion de la fête donnée à Vaux au roi Louis XIV, en 1661, par le surintendant Fouquet, on vit sur les plafonds et dans les ornements d'architecture des écureuils, qui sont les armes de Fouquet, poursuivis par des couleuvres. Enfin, on voyait, il y a peu de temps encore, aux Tuileries, des soleils et des couleuvres figurer dans la rampe du grand escalier du milieu, aujourd'hui détruit. Cette rampe avait été faite par les ordres de Colbert, vers 1664, et on le blâma beaucoup, à l'époque, d'avoir mêlé ses armes aux emblèmes royaux. Or il résulte de tous les documents que ce ne fut que vers 1680 que les Colbert de France eurent connaissance de l'existence des Colbert d'Écosse.

On pourrait cependant insister et dire que Colbert lui-même, dans ses *instructions* adressées à son fils, a tranché la question en s'exprimant ainsi : « Mon fils doit bien penser et faire souvent réflexion à ce que sa naissance l'aurait fait être si Dieu n'avait pas béni mon travail et si ce travail n'avait pas été extrême. » Pour peu qu'on réfléchisse au véritable sens de ces paroles, on n'y voit rien qui puisse infirmer ou corroborer l'une des deux opinions en présence. Quand bien même la famille Colbert eût possédé, avant le crédit du ministre, la position la plus élevée qu'on puisse réclamer pour elle, il y aurait encore entre cette position et celle qu'il avait acquise, comme ministre d'un grand roi et d'un grand règne, une telle différence que les expressions dont il se sert s'expliqueraient parfaitement.

Il y a, d'ailleurs, une observation importante à faire : c'est que les deux opinions, en apparence si opposées, n'impliquent nullement contradiction. Qu'y a-t-il d'étonnant, en effet, à ce que les Colbert descendus d'une famille noble d'Écosse, soient devenus pauvres, une fois établis en France, et que plusieurs d'entre eux aient fait le commerce, chose à laquelle ils devaient répugner moins que d'autres, puisqu'ils venaient d'un pays où n'existent pas contre le commerce les mêmes préjugés qu'en France, et qu'ils vivaient d'ailleurs dans une province (la Champagne) où les nobles pouvaient le faire '? — On pourrait citer, au reste, parmi les familles dont la position nobiliaire est le mieux établie, de nombreux exemples de ces vicissitudes et de ces différences de position entre les membres d'une même famille.

' Article XVIe de la coutume de Troyes.

Une pièce rapportée par M. Pierre Clément, dans un travail sur Colbert, pièce qu'il regarde comme fort curieuse, peut en effet jeter du jour sur la question. « Elle est, dit M. Clément, d'une écriture pouvant remonter à la fin du dix-septième siècle. » Voici cette pièce :

« Voir, dans les archives de la maison d'Édimbourg, les assemblées de parlement qui se sont tenues depuis l'an 1300 jusqu'en l'année 1400, et marquer tous les endroits où il est parlé de la famille des Colbert ou Cothbert.

« Remarquer s'il se trouve quelqu'un de cette famille qui ait passé d'Escosse en France ; marquer leur nom et surnom ;

« S'ils ont resté longtemps en France ; si l'on a quelque connoissance qu'ils s'y soient establis ;

« S'ils (s'y) sont mariés ;

« S'ils ont eu lignée et postérité ;

« En quelle ville de France ils se sont establis ;

« En quel temps ils ont passé d'Escosse en France, et sous quel règne ;

« S'il est passé quelqu'un de cette famille à la suite de la reyne Marie Stuard ;

« Sçavoir en quelle qualité ils estoient à la suite de cette reyne, comme officiers de sa maison ou dans les troupes ;

« Sçavoir quelle différence il y a entre les noms et les armes des Colbert d'Escosse et les noms et les armes des Colbert de France ;

« S'éclaircir particulièrement sur ce qu'il se trouve une fasce de gueules dans l'escusson des armes des Colbert d'Escosse.

« Sçavoir pour quel sujet et dans quel temps ce changement s'est fait [1]. »

« D'après M. Louis Paris, ajoute M. Pierre Clément, c'est à Ménage que *serait venue l'idée* de rattacher la *famille des Colbert de France à la famille des Colbert d'Écosse*. » Puisqu'il y avait des Colbert en Écosse, on ne voit pas trop ce qu'avait d'extraordinaire l'idée de vouloir les rattacher à une famille de France, qui avait le même nom et les mêmes armes.

Mais revenons aux questions. Qu'indiquent-elles ?

Que les Colbert de France savaient confusément : qu'il existait en Écosse une famille portant le même nom qu'eux ; — que c'était surtout entre 1300 et 1400 que devaient porter les recherches relatives à cette famille ; — que des membres de cette famille étaient passés en France ; — qu'il y avait bien quelque différence entre les noms, mais qu'on ignorait en quoi elle consistait exactement. — Quant aux armes, on savait qu'il y avait une différence, mais sans en connaître toutefois la raison.

Il me semble qu'il n'y a rien là qui puisse faire soupçonner la mauvaise foi, la supercherie.

Qu'apprirent ceux qui avaient adressé ces questions ?

Que le nom des deux familles, à part une différence que la prononciation explique, est le même. — Pour les armes, ils apprennent que si la famille écossaise ajoute à la couleuvre une *fasce de gueules*, c'est parce que cette

[1] Tiré de la Bibliothèque impériale ; mss du Cabinet généalogique, carton Colbert, fol. 693.

fasce de gueules lui fut donnée en 1411 , époque postérieure à celle à laquelle on place l'arrivée d'un membre de la famille écossaise en France (fin du treizième siècle).

La différence qui existe entre les armes est donc toute naturelle et semble être une preuve nouvelle de la bonne foi des Colbert de France ; car, s'il y avait eu supercherie, fraude, usurpation, on ne peut supposer qu'elle ait pu avoir lieu avant le dix-septième siècle, tout au plus au seizième ; et alors les Colbert de France eussent pris les armes des Colbert d'Écosse telles qu'elles existaient à cette époque, c'est-à-dire avec la *fasce de gueules*. Leur possession constatée d'armes, telles qu'elles existaient et étaient portées par la famille avant 1411, témoigne donc, à la fois, de l'antiquité de la possession, de la communauté d'origine, et s'accorde parfaitement avec l'époque indiquée comme étant celle de leur établissement en France, c'est-à-dire cent trente ans environ avant 1411. — Lorsqu'enfin à cette identité des armes vient encore se joindre celle des noms, comment pouvoir trouver d'autre explication que la communauté de souche et l'identité des deux familles ?

Qu'il me soit permis de le dire en terminant : ce n'est qu'avec répugnance que je suis entré dans cette discussion. Le nom de Colbert, j'ai assez d'orgueil pour le croire, n'a pas besoin de rechercher le lustre d'une antique origine : l'éclat qu'il doit à un grand homme en sera à jamais le principal honneur et la gloire. J'ai cru toutefois que la vérité valait mieux que l'entraînement des préjugés

ou de l'opinion et qu'elle était bonne à chercher ; si je ne
l'ai pas complétement établie, j'aurai du moins contribué,
je l'espère, à mettre sur la voie.

PREUVES POUR L'ORDRE DU SAINT-ESPRIT.

« Extrait des titres et contrats produits par haut et puis-
sant seigneur messire Edouard-François Colbert, chevalier, comte de Maulevrier, lieutenant général des armées
du Roi, gouverneur des ville et citadelle de Tournay,
nommé chevalier des ordres de Sa Majesté, pour les preuves de sa noblesse, par-devant MM. les ducs de Saint-Simon et de Montausier, pairs de France, chevaliers commandeurs desdits ordres, commissaires députés pour la
vérification desdites preuves, par lettres patentes du 12 décembre 1688.

. . . .

« Provisions de gouverneur pour le roi de la ville et
tour de Fismes, en faveur de Nicolas Colbert, seigneur de
Vendières, sur la démission de Nicolas Colbert, écuyer,
seigneur de Magneux, son oncle, du 20 octobre 1626 ; lesdites provisions données à Paris, le 28 novembre de la
même année, avec la prestation du serment ès mains de
M. de Marillac, garde des sceaux de France, le 6 décembre suivant, et à M. le duc de Nevers, gouverneur de
Champagne et Brie, le 25 août 1627. Lesdites provisions

par copie tirée du greffe du siége royal de Fismes, où elles sont enregistrées; signée Hubert, greffier, à laquelle sont jointes en original celles accordées audit Nicolas Colbert, écuyer, seigneur de Magneux, oncle, du 30 janvier 1623, signées Louis, et sur le repli Potier.

« Lettre de cachet du roi audit sieur de Vendières-Colbert, capitaine et gouverneur de Fismes, pour recevoir dans ladite ville partie de la compagnie des chevau-légers de la garde, écrite à Monceaux le 30 août 1631, signée Louis, et plus bas Bouthillier.

« Provisions de la charge de conseiller et maître d'hôtel ordinaire du roi pour ledit Nicolas Colbert, seigneur de Vendières, du 21 mai 1641, signées Louis, et plus bas par le Roi, de Loménie, et scellées en placard.

« Lettres patentes de conseiller d'État pour ledit sieur Colbert-Vendières, conseiller du roi et son maître d'hôtel ordinaire, du 15 mars 1652, signées Louis, et plus bas par le Roi, Letellier, et scellées avec la prestation de serment ès mains de M. Molé, garde des sceaux de France, du 3 avril suivant, signée Galand.

« Par le contrat de mariage de Jean Colbert, écuyer, seigneur de Terron, avec damoiselle Marie Bachelier, fille de Henry Bachelier, écuyer, il appert qu'il est fils de défunt Nicolas Colbert, premier du nom, écuyer, seigneur de Magneux, vicomte d'Ormont, et de damoiselle Barbe Martin, sa veuve; ledit contrat en son original en parchemin, passé par-devant Augier et Viscot, notaires royaux au bailliage de Vermandois, résidant à Rheims, le 12 janvier 1585.

« Par l'acte de foi et hommage, aveu et dénombrement rendu par ledit Jean Colbert, écuyer, seigneur de Terron, à messire Charles de Comblisy, chevalier, seigneur de Verneuil, au lieu d'Attigny, à cause de sa seigneurie de Terron, il appert encore qu'il était fils dudit Nicolas Colbert, premier du nom, écuyer, seigneur de Terron, vicomte d'Ormont, et que ladite terre lui était échue de la succession dudit sieur, son père. Ledit acte en son original en parchemin, passé par-devant Viscot, notaire royal au bailliage de Vermandois, résidant à Rheims, le 26 janvier 1586.

« Aveu et dénombrement rendu par Simon Colbert, seigneur d'Acy en partie (frère dudit Jean Colbert), aux duc et duchesse de Nivernois et Réthelois, de la terre d'Acy, haute, moyenne et basse justice, appartenances et dépendances de ladite terre relevant de Réthel, en date du 15 décembre 1587, signé dudit Colbert et scellé de son sceau, par lequel il se voit que ses armes étaient une couleuvre, les mêmes dudit sieur comte de Maulevrier et de toute la maison de Colbert; ledit aveu et dénombrement en son original en parchemin, reçu par les officiers desdits duc et duchesse, par actes signés d'eux et registrés dans leurs juridictions, les 22 et 29 décembre de ladite année et les 7 et 9 janvier 1588.

« Par le contrat de mariage de Nicolas Colbert, écuyer, seigneur de Magneux, vicomte d'Ormont, capitaine gouverneur de la tour et château de Fismes, avec ladite damoiselle Barbe Martin, fille de César Martin, écuyer, et de défunte damoiselle Catherine Du Puy, sa femme, il appert qu'il était fils de Hector Colbert, écuyer, seigneur de Magneux, et de défunte damoiselle Jeanne de Condé, sa femme; ledit contrat en son original en parchemin, passé par-devant Bonnestaigne et Guyot, notaires du roi au bailliage de Vermandois résidant à Rheims, le 9 juin 1557.

« Aveu et dénombrement rendu par ledit Nicolas Colbert, premier du nom, écuyer, seigneur de Magneux, Neufville et du Pasquier en partie, vicomte d'Ormont, de ladite terre, seigneurie et vicomté d'Ormont, mouvante de M. le prince de Condé, à cause du chastel de Roucy, en date du 20 janvier 1560.

. . . .

« Nous, ducs de Saint-Simon et de Montausier, pairs de France, chevaliers commandeurs des ordres du roi, certifions au roi, chef et souverain grand maître desdits ordres, et à tous ceux qu'il appartiendra, qu'en vertu de la commission de Sa Majesté, à nous adressante, nous avons vu, lu et examiné lesdits titres et contrats à nous produits par ledit messire Édouard-François Colbert, comte de Maulevrier, nommé chevalier desdits ordres, au rapport du sieur Cotignon de Chauvry, conseiller du roi en ses conseils, premier président en sa cour des monnaies et généalogiste desdits ordres, et par iceux trouvé et vérifié que, par les cinq générations ci-dessus prouvées, il a satisfait aux statuts desdits ordres et qu'il est gentilhomme de nom et d'armes, digne d'entrer et d'être associé auxdits ordres. En foi de quoi, nous avons signé ces présentes et à icelles fait apposer les cachets de nos armes. A Paris, le 27 décembre 1688, signé le duc de Saint-Simon et Charles de Sainte-Maure et Cotignon, et scellé des cachets de leurs armes : »

Cette pièce est signée : d'Hozier de Sérigny.

ATTESTATION DE GEORGE COTHBERT, BARON DE CASTLEHILL.

(TEXTE.)

Ego Georgius Cothbertus, baro regius de Castlehill, gentis Cothbertorum satis antiquæ et nobilis phylarcha, omnibus quocumque generis splendore munerisve dignitate aut virtutis claritate eminentibus viris mihi plurimum colendis S. D. dico atque testor me, perlustratis apprime et diligentissime evolutis omnibus domus meæ archivis, nempe chartis regiis, infœodamentis, (*mot illisible*) dispositionibus et contractibus quibuscumque, denique et epistolis multis officii vel negotii perlectis, certo scire et ex continua et consentiente decessorum meorum traditione a parentibus in liberos permanente mihi clare et vere constare viros quamplures consilio et manu egregios a septem plus minusve sæculis in Galliam Scotorum perpetuo amicam sæpius secessisse, sive id regis sui auspiciis, sive privatis factum fuerat, atque raro ad nos inde rediisse, sed vel in bello, ut plurimum consuevit, occubuisse, vel gentis admodum humanæ consuetudine suavissima quasi incantatos suos in alma Gallia tanquam altera patria Lares dilectos posuisse, atque adeo exinde etiam Colbertorum illa familia illustris in Gallia et nunc quidem invictissimi Ludovici regis christianissimi benigno aspectu vivens et vegeta ante aliquot sæcula emanasse atque de nostra Cothbertorum in Scotia domo originem suam duxisse et decessorem vere suum atque parentem primum filium—

ATTESTATION DE GEORGE COTHBERT, BARON DE CASTLEHILL.

(TRADUCTION.)

Moi, George Cothbert, baron de Castlehill, chef de l'ancienne et noble maison des Cothbert, à toutes personnes éminentes par leur noblesse, leur dignité, leur mérite, honneur et salut.

Après avoir compulsé avec la plus grande attention toutes les archives de ma famille, diplômes royaux, concessions de fiefs, dispositions..... et contrats de toute espèce, comme aussi de nombreuses lettres officieuses ou d'affaires, j'affirme que je sais d'une manière certaine et que, par la tradition constante qui s'est transmise de père en fils dans ma famille, il est clairement établi pour moi que, depuis sept siècles, plus ou moins, par ordre de leur roi ou pour leurs affaires particulières, un grand nombre d'hommes distingués par leur sagesse et leur courage ont passé d'Écosse en France, pays qui a toujours été notre ami, et qu'ils en sont rarement revenus, soit qu'ils eussent, comme il est arrivé souvent, succombé sur les champs de bataille, soit que, charmés par la douceur des mœurs de ce beau pays de France, ils l'eussent adopté comme une seconde patrie et y fussent restés. C'est ainsi que la famille des Colbert, maintenant illustre et florissante en France et jouissant de la faveur du roi très-chrétien Louis, est sortie de notre pays il y a plusieurs siècles et tire son origine de notre maison écossaise des

familias baronum de Castlehill debere eos cognoscere et venerari, ex archivis hactenus laudatis, ex epistolis cognationis et amoris mutui testibus, ex perpetua et constanti traditione exque virorum ævo et auctoritate gravissimorum bono affectu manifeste omnibus patet et nobis pro certo compertum est. Quin et Colbertorum gentilitia insignia a nobis qui in campo aureo portamus fasciam rubram et in cephalo serpentem cæruleum non multum differre, ab hominibus fide dignissimis sæpius accepimus. Quæ quidem omnia, sicut ex se certa et firma sunt, sic ego, ut cunctis testatiora fiant hæc propria manu firmo et sigillum domus nostræ appono.

Dabam ex arce mea de Castlehill, sive castello in colle, vigesimo octavo die mensis Julii, anno Domini supra millesimum sexcentesimum octuagesimo primo.

Signé : Georgius Cothbertus de Castlehill.

Scellé d'un sceau où sont représentées les armes de la maison de Colbert, pendantes à un ruban violet et or.

(*Biblioth. imp., mss., carton Colbert,* f° 279.)

ATTESTATION DES MAGISTRATS DE LA VILLE D'INVERNESS.

(TEXTE.)

Nos, præfectus et senatus urbis regiæ Envernessensis, publice testamur atque omnibus quacumque dignitatis eminentia colendis aut auctoritatis titulis inclytis ac compellandis, hosce nostros libellos intellecturis, post S. D.

Cothbert, et ils doivent considérer et vénérer comme leur ancêtre et comme fondateur de leur maison un membre de la famille des barons de Castlehill ; ce qui appert pour tous et pour nous particulièrement des archives déjà citées, de lettres témoignant de notre parenté et d'une mutuelle affection, comme aussi de la tradition constante et de l'assentiment d'hommes imposants par leur âge et par leur autorité. Enfin, les armoiries des Colbert ne diffèrent pas beaucoup des nôtres, qui sont une fasce de gueules sur champ d'or, et en chef un serpent d'azur ; c'est ce que nous ont affirmé souvent des hommes très-dignes de foi.

Toutes choses certaines et fermement établies par elles-mêmes ; et, pour en attester encore à tous la vérité, je signe de ma main ces présentes et y appose le sceau de notre maison.

Donné en mon château de Castlehill (ou château sur la colline), le vingt-huit juillet, l'an de Notre-Seigneur mil six cent quatre-vingt-un.

Signé : GEORGES COTHBERT DE CASTLEHILL.

ATTESTATION DES MAGISTRATS DE LA VILLE D'INVERNESS.

(TRADUCTION.)

Nous, gouverneur et sénat de la ville d'Inverness, à toutes personnes éminentes par leur dignité ou à quelque autre titre que ce soit, qui ces présentes liront, salut.

Nous certifions et attestons publiquement qu'après exa-

Certum æque ac notum facimus quod nobis sedulo scrutantibus et accurate omnia excutientibus, ex publicis regni Scotiæ archivis nostræque urbis tabulis authenticis exque continua et firma omnium traditione et majorum testimoniis omni exceptione majoribus, clare constat illustrem et nobilem Cothbertorum familiam, nobis confinem, a quingentis et qui excedunt annis Barones regios fuisse de Castlehill exque ea gente clara multos viros prudentia et fortitudine illustres regibusque nostris serenissimis satis perspectos atque approbatos prodiisse publicaque regni nostri munia sæpius obiisse, atque domi et foris, in militia et pace, multa egregia munera gessisse et facinora perpulchra ad gentis suæ honorem et patriæ suæ gloriam fecisse sæpissimeque familiæ Colbertorum nobilissimæ Phylarchas Barones liberos de Castlehill in publicis regni nostri comitiis (Parliamentum vocamus) et aliis publicis Statuum conventibus generalibus legatos, suo et cæterorum Baronum regiorum pro more regni nostri comitatus sui nomine sedisse, in rebus omnibus consultasse atque sententiam ratam cum reliquis pronunciasse, atque etiam prædictos dominos Cothbertos in conventibus urbis nostræ solemnioribus libere electos Præfecti urbis nostræ munus summa cum modestia et justitia multoties administrasse deque nobis omnibus optime meritos et vicinos illos bonos et patronos benignos in re difficili et periculosa nobis nunquam defuisse, omniaque alia regi suo fideles et patriæ cives charos in gentis suæ emolumentum et laudem functos fuisse et in exteras nationes frequenter, vel regis imperio vel sponte profectos, multa præclara præstitisse, atque adeo in alma Gallia, Scotorum secunda patria, illustrissimam et nobilissimam Colbertorum domum et gen-

men attentif des archives publiques du royaume d'Écosse et des registres authentiques de cette ville, comme aussi d'après la tradition constante et, sans exception, tous les témoignages de nos ancêtres, il est clairement établi pour nous que la noble famille des Cothbert, qui habite près de nous, possède la baronnie de Castlehill depuis cinq cents ans et plus, et que cette famille a donné nombre d'hommes illustres par leur sagesse et leur courage, dignement appréciés et considérés par nos rois très-augustes, ayant occupé de nombreuses charges publiques de ce royaume, et qui, soit dans leur pays, soit à l'étranger, à la guerre ou en temps de paix, ont souvent rempli de hautes fonctions et accompli des actions d'éclat à l'honneur de leur famille et à la gloire de leur patrie. Très-souvent aussi des membres de la très-noble famille des Cothbert, envoyés à l'assemblée générale du royaume (que nous appelons Parlement) ou à d'autres assemblées générales des États, y ont siégé, selon la coutume du pays, en leur nom et en celui des autres barons de leur comté, et, en toutes choses, ils ont pris part à la discussion et au vote comme leurs collègues. Les susdits sieurs Cothbert ont également été élus nombre de fois gouverneurs de notre ville dans les assemblées solennelles, et ils nous ont administrés avec modération et justice. Ces bons voisins et bienveillants protecteurs ont très-bien mérité de nous, et jamais leur assistance ne nous a manqué dans les circonstances difficiles et périlleuses; en un mot, ils se sont toujours conduits en sujets fidèles à leur roi, en citoyens zélés pour la patrie; ce qui a valu à leur famille gloire et honneurs. Souvent aussi, soit par ordre du roi, soit de leur plein gré, ils sont allés s'illustrer en pays

tem condidisse, quæ etiamnum regis christianissimi gratia et civium suorum benevolentia altas agit radices perpulchreque floret et fructus profert in Francorum laudem et Scotorum gloriam. Quæ omnia, sicut ex se vera sunt et firma, et nobis sic esse ex archivis traditione continua et monumentis authenticis hactenus dictis manifeste et clare innotescunt, sic etiam ut apud cunctos testatiora et certiora fiant, nos prompte et libere libellis hisce nostris assertoriis et syngraphas nostras, nostra manu propria signatas, apposuimus, et urbis nostræ sigillum appendi curavimus.

Datum Envernessæ, vigesimo nono die mensis Julii æræ christianæ anno supra millesimum sexcentesimum octuagesimo primo.

Ces lettres scellées d'un sceau où sont représentées les armes d'Inverness pendantes à un ruban vert et or.

(*Biblioth. imp., mss., cart. Colbert*, f° 270.)

EXTRAITS DE LA REQUÊTE

ADRESSÉE PAR VINGT-TROIS PAIRS OU SEIGNEURS D'ÉCOSSE
AU ROI JACQUES VII (JACQUES II D'ANGLETERRE).

(Cette requête étant reproduite en grande partie dans les lettres patentes du roi qu'on trouvera ci-après, je n'en donne ici que des extraits.)

Apud Edimburgum, quarto die mensis junii, anno Domini millesimo sexcentesimo octuagesimo sexto.

étranger ; c'est ainsi qu'ils ont fondé en France, cette seconde patrie des Écossais, la très-illustre et très-noble
famille des Colbert, qui maintenant florit et prospère brillamment par la faveur du roi très-chrétien et la bienveil-
lance de ses concitoyens, et porte les plus beaux fruits à
l'honneur et à la gloire des Français et des Écossais.

Toutes choses certaines et fermement établies par elles-
mêmes, qui sont clairement prouvées pour nous par les
archives, la tradition et les témoignages authentiques
énoncés plus haut ; et, pour en attester encore à tous la
vérité, nous donnons avec empressement et de notre plein
gré ces présentes, signées de notre main, et y faisons
suspendre le sceau de notre ville.

Donné à Inverness, le vingt-neuf juillet de l'an mil six
cent quatre-vingt-un de l'ère chrétienne.

(Suivent les signatures)

EXTRAITS DE LA REQUÊTE

ADRESSÉE PAR VINGT-TROIS PAIRS OU SEIGNEURS D'ÉCOSSE
AU ROI JACQUES VII (JACQUES II D'ANGLETERRE).

(TRADUCTION.)

A Édimbourg, le quatre juin, l'an de Notre-Seigneur
mil six cent quatre-vingt-six.

Quum ex multorum hujus regni procerum et baronum supplicibus et assertoriis Libellis, syngraphis propriis additis, testatum sit nobilem nunc in Francia Colbertorum familiam ex antiqua et illustri nationis nostræ ejusdem nominis gente descendisse, atque adeo ut emolumenta quæ ex stemmate illo illustri a regia majestate veluti suprema vel a singulis attestatoribus in suum privum commodum ex æquo et bono vindicari possint magis publice nunc asserentes et magis authentice de futuro sustententur humiliter petunt ut hæc sua attestatio in Parliamenti (ut vocatur) archivis referat et ut Cancellariæ Majestatis Regiæ directori mandetur expedire velit et conscribere libellos natalitios (vulgo *borebrief*) prædictæ illustris familiæ progeniem veram referentes et augusto Regis sigillo muniendos atque itidem ut id appendatur Cancellarium summum securum præstare.

. . . .

Quumque ex testimoniis evidentibus, instrumentis antiquis, epistolis amicissimis aliisque litterarum commerciis cum antiquæ illius familiæ decessoribus habitis et consuetis, et majorum nostrorum perpetua traditione, nobilem Colbertorum quæ nunc in Gallia late sese propagaverit familiam illam ex Scotia descendisse aperte patet, atque adeo ut gloriam quæ ex progeniei illius magno splendore et virtutibus exoriri possit antiquæ nostræ genti et nobis ipsis qui omnes ipsius consanguinei sumus et earum cognationum unde originem suam ducunt ut plurimum phylarchi honorem vindicemus, omnibus quibus interest præcipue vero regi nostro serenissimo et ordinibus suis in publico hoc suo conventu publice testamur et sancte asserimus Edwardum Colbert, etc., etc. . . . .

Il est attesté par le certificat de plusieurs pairs et barons de ce royaume, signé par eux, que la noble famille des Colbert, maintenant en France, descend d'une ancienne et illustre maison de notre nation qui porte le même nom, et, comme la parenté de ces deux familles peut être utile à la Majesté royale et à tous ceux qui ont signé lesdites Lettres, ils supplient humblement, pour donner une plus grande publicité à leur attestation et la rendre authentique à l'avenir, qu'elle soit enregistrée au Parlement et qu'on expédie en la chancellerie des lettres de naturalité aux Colbert, lesquelles établissent leur origine véritable et soient scellées du grand sceau royal par les soins du grand chancelier.

Il est évident par des témoignages, des monuments anciens, des lettres d'amitié ou d'affaires, échangées avec les ancêtres de cette ancienne famille, enfin, par la tradition constante de nos aïeux, que la noble maison des Colbert, qui maintenant s'est multipliée en France, vient d'Écosse; désirant donc revendiquer la part qui revient à notre antique nation dans la gloire éclatante que cette famille s'est acquise par son mérite, ainsi qu'à nous tous qui sommes ses parents et chefs de la maison d'où elle tire son origine, nous certifions publiquement et affirmons sur notre conscience à tous ceux qu'il appartient, principalement à notre roi très-auguste et aux États réunis en cette assemblée, qu'Édouard Colbert, etc., etc .

(Suit le détail de l'ascendance paternelle et maternelle d'Édouard Colbert, fils d'Édouard Colbert et de Marie Lindsay, qu'on trouvera dans les Lettres patentes.)

Quæ omnia quum apprime vera et nobis admodum
nota sunt, submisse rogamus Majestatem regis nostri et
illustrissimos ordines in præsenti Parliamento congrega-
tos, ex benevolentia sua velint regis Cancellariæ directori
per acta sua in mandatis dare ut secundum tenorem præ-
sentium componat et scribat Libellos natalitios *borebrief*
vulgo dictos, augustiore regis nostri sigillo muniendos,
quibus illustris illa et nobilissima Colbertorum familia
amicis suis et patriæ antiquæ restituatur et ut invidiæ et
famæ malevolæ os obstruatur et posteri certiora intelli-
gant, atque ne dubium vel lis circa libellos assertorios
nostros excitetur, unanimes et liberi syngraphas nostras
apposuimus sequentes. . . . .

(Registres du Parlement d'Écosse, livre XXIX, p. 247. *D'après
une copie ancienne signée par d'Hozier de Sérigny. Voir aussi
Biblioth. imp., carton Colbert, fol. 273.*)

REGIÆ PATENTES LITTERÆ

De nobilissima et antiquissima Colbertorum prosapia, exaratæ juxta
Acta in maximo regni Scotiæ procerum conventu sancita, et illustrissimo Domino D. Marchioni de Seignelay, regi christianissimo a
secretis intimis, etc... ultro oblatæ.

Jacobus septimus, Dei gratia Scotiæ, Angliæ, Franciæ
et Hiberniæ rex, fidei defensor, universis et singulis impe-
ratoribus, regibus, pontificibus, principibus et ducibus,
civitatum consulibus, necnon omnibus provinciarum,
classium et castrorum præfectis summis, aliisque denique

A ces causes et ce qui précède étant connu de nous pour véritable, nous supplions humblement la Majesté royale et les États assemblés dans le présent Parlement, de vouloir bien, par un acte émané d'eux, donner l'ordre au directeur de la chancellerie royale de rédiger et d'écrire, conformément à la teneur des présentes, des lettres de naturalité (en langage vulgaire *borebrief*), lesquelles lettres munies du sceau royal restitueront ladite illustre et très-noble famille des Colbert à ses amis et à son antique patrie, pour que la bouche soit fermée à l'envie et à la malveillance, et que la postérité soit renseignée à cet égard avec certitude. Et afin que ni doute ni contestation ne s'élève contre le présent certificat, nous avons unanimement et de notre plein gré signé comme il suit :

(Suivent les noms des signataires, ainsi qu'ils ont été rapportés précédemment, p. 322.)

LETTRES PATENTES DU ROI

Touchant la très-noble et très-ancienne maison des Colbert, dressées conformément à l'Acte du Parlement d'Écosse, et délivrées à très-illustre messire marquis de Seignelay, secrétaire d'État et des commandements de Sa Majesté très-chrétienne.

Jacques VII, par la grâce de Dieu, roi d'Ecosse, d'Angleterre, de France et d'Irlande, défenseur de la foi, à tous et à chacun, les empereurs, rois, pontifes, princes et ducs, magistrats des villes, gouverneurs des provinces, amiraux et généraux d'armées, à tous autres hauts et bas-

cunctis supremam potentiam vel subordinatam quamcunque ubicunque exercentibus pietatis splendore et virtutis gloria fulgentibus atque cæteris quibuscunque patentes hasce nostras litteras intellecturis **S. P. D. C.**

Quandoquidem summa et sedula eorum, quibus administratio reipublicæ est commissa, cura et studium esse debet, ut inculpatæ probitatis sectatoribus et de se bene merentibus debitus honos et præmia promerita conferantur, et scelerosorum nequitia gravi contemptui et justis a legibus præscriptis suppliciis relinquantur : Nos quidem hactenus ne in his negligentius providisse videremur, obnixe, quantum ex re fieri potuit, dedimus et in posterum perpetuo operam dabimus ut quæcunque generosi sanguinis præclarive facinoris a majoribus derivata sunt jura et encomia, eadem apud posteros, nisi ipsi ab integritate decessorum suorum desciverint, quam longissima fieri possit serie, sarta et tecta maneant; quo et ipsi postgeniti, stemmatis sui memores, nil parentum amplitudine aut integra fama indignum committant, sed, ad parem accensi laudem, aliquam propria virtute nitoris accessionem claritudini majorum superaddant, et sic majori vel saltem pari proavos conatu æmulati claros se patriæ et caros alumnos et regibus suis se cives quam maxime probos præstent, atque ne quid culpa sua aut desidia de gentis suæ splendore decedat votis ingentibus et invicta virtute contendant : quorumcunque virorum magnorum præclara facinora et insignia facta non sibi tantum ornamento sed et patriæ, et parentibus, et popularibus suis singulis esse soleant, ut illi plagiario a crimine haud multum abesse censendi sint qui patriæ dulcissimæ cives suos antiquos, genere, gestis et virtutis luce cons-

justiciers qui se distinguent par leur piété et leurs vertus, enfin à tous ceux qui ces présentes Lettres verront, salut.

C'est un grand et important devoir pour ceux qui gouvernent un État de récompenser la vertu, le mérite, et de livrer le crime à la juste rigueur des lois; nous avons fait jusqu'ici tous nos efforts pour n'y point faillir, et c'est pourquoi nous avons mis et nous continuerons de mettre notre attention à conserver à chacun, le plus longtemps qu'il sera possible, les droits et priviléges qu'il peut attendre de la noblesse de son origine ou des services que ses ancêtres ont rendus à l'Etat, pourvu qu'il ne s'écarte point de leur probité, afin que les enfants, se souvenant qu'ils ont à soutenir la noblesse et la réputation de leurs aïeux, ne fassent rien qui les en rende indignes; qu'au contraire, animés du désir de s'illustrer par leur propre mérite, ils ajoutent à la gloire de leurs pères, que par une noble émulation ils les surpassent, ou du moins les égalent, qu'ainsi ils se rendent chers à leur patrie et se montrent dignes sujets de leur roi, et qu'enfin, remplis d'un zèle ardent et d'un courage à toute épreuve pour la défense de leur nation, ils ne souffrent pas que par leur faute ou par leur négligence elle perde quelque chose de son éclat.

Les hauts faits des hommes illustres non-seulement leur font honneur à eux-mêmes, mais encore à leur nation et à leurs parents, et ce serait presque se rendre coupable d'un vol que de permettre qu'on enlevât secrètement à un Etat les sujets les plus distingués par leur naissance et leur mérite, pour en faire l'ornement d'un pays étranger.

En considération des services que nous a rendus en beaucoup de manières et surtout par sa valeur et sa sa-

picuos, clandestine et veteratorie surreptum iri atque alienæ gentis gloriæ et albo inseri et inscribi sinerent; atque adeo inde est, et merito quidem, quod illustrissimam et prudentissimam Colbertorum gentem in Francia auspiciis Ludovici, regis christianissimi, fratris nostri carissimi et consanguinei serenissimi, altas radices agentem suaque virtute, prudentia et multis aliis nominibus et officiis nobis gratam et probatam, suæ origini restituere ac antiquo nostro Scotiæ regno vindicare, et hac nostra commendatione tanquam benevolentiæ tessera exornare voluimus; quippe cum ipsa eximiæ suæ fidei et fortitudinis multa et præclara qua domi, qua peregre præsertim in Gallia specimina usque adeo dederit ut majorum suorum lumini, lucis suæ accessione, non parum addidisse videretur, nos pariter veritati apertæ atque honoribus et muniis a majoribus nostris serenissimis Scotorum regibus, in illius majores collatis, firmum ex æquo et bono testimonium nostrum quod ipsis beneficii loco apud exteros apud quos sedes suas posuerit esse possit, a nobilissimis consanguineis suis, præcipue vero a prædilecto nostro consanguineo et consiliario utriusque regni Jacobo Pearthensi comite, summo nostro pro regno Scotiæ cancellario, et a fratre ejus prædilecto nostro consanguineo et consiliario utriusque regni Joanne comite de Melfort, secretario nostro præcipuo regni nostri Scotiæ et a dilecto nostro domino Joanne Culbert, barone de Drakies Envernessensis civitatis præfecto et ad nobilissimum ordinum omnium conventum legato suppliciter rogati, haud denegare voluimus.

Post factam itaque ab illustrissimis et prudentissimis regni nostri antiqui Scotiæ ordinibus in parlia-

gesse, l'illustre maison des Colbert, qui se multiplie maintenant en France, sous la protection de notre très-cher cousin le roi très-chrétien, nous avons résolu de la rejoindre à son origine, qu'elle tire de notre ancien royaume d'Écosse. En effet, elle a donné des preuves si éclatantes de son courage et de sa fidélité, tant dans sa nation que dans les pays étrangers, surtout en France, qu'elle n'a pas peu ajouté à la gloire de ses auteurs, qui eux-mêmes ont été honorés des plus grands emplois par nos prédécesseurs les rois d'Écosse; en foi de quoi nous lui avons accordé notre certificat, pour lui servir dans les pays étrangers où elle pourrait s'établir, d'après la prière qui nous en a été faite par ses très-nobles parents, et particulièrement par notre bien-aimé cousin et conseiller en nos deux royaumes, Jacques, comte de Perth, notre grand chancelier du royaume d'Écosse, et son frère Jean, comte de Melfort, notre bien-aimé cousin et conseiller en nos deux royaumes, notre premier secrétaire dans celui d'Ecosse, et par notre bien-aimé messire Jean Colbert, baron de Drakies, gouverneur de la ville d'Inverness et député à l'assemblée des États.

Ainsi, après de scrupuleuses recherches sur l'origine de la très-noble maison des Colbert, les pairs de notre ancien royaume d'Écosse, que nous avions chargés de ce soin, assemblés en parlement, nous ont déclaré qu'elle la tirait de ce royaume, et que plusieurs Colbert, soit poussés par leur inclination, soit par un effet des vicissitudes de la guerre, avaient passé en France, cette seconde patrie des Écossais, qu'ils s'étaient brillamment distingués parmi les chevaliers dorés, qu'en toute occasion ils avaient montré qu'ils se souvenaient de leur origine, et qu'ils

mento congregatis, quibus id muneris demandatum est, diligentem inquisitionem de origine, stemmate et prosapia prædictæ gentis nobilissimæ Colbertorum, compertum est nobis eam originem suam ex antiquo regno nostro Scotiæ duxisse, multosque sæpius Colbertos in Gallias, veluti in alteram Scotorum patriam, vel animi gratia, vel militiæ causa, migrasse, atque inter equites auratos splendide illuxisse, semperque generis su memores, facta præclara satis multa perpetrasse, nationisque Scotiæ gloriam virtute sua et sapientia quam maxime sustentasse et propagasse.

Idcirco Nos notum ac certum facimus, et manifestum esse publice testamur, Dominum Edivardum Colbert, illustrissimi Domini Caroli Edivardi Colberti, marchionis de Seignelay, regi christianissimo a secretis intimis et totius rei maritimæ in Gallia præfecti tritavum; illustrissimi Domini Joannis-Baptistæ Colbert, marchionis de Seignelay, regi ab intimis consiliis, generalis ærarii moderatoris et regiorum ædificiorum præfecti, et fratrum suorum perillustrium præcipue vero Domini Caroli Colbert, marchionis de Croissy et Torci, etc... Regi suo ab omnibus status sui consiliis, parisiensisque Parlamenti *à mortier* (ut loquuntur) præsidis et regi christianissimo a secretis et status ministerio, nobisque jure et merito dilecti, dum apud serenissimum felicissimæ memoriæ fratrem nostrum carissimum legatione pro rege Francorum fungeretur, necnon Domini Edivardi Colbert comitis Maulevrier, exercituum regis christianissimi vice præfecti, urbis et arcis Tornacencis præfecti, post multa vulnera et alia martis mortisque discrimina adhuc superstitis, atavum; Domini Audoarti Colbert, de

avaient toujours soutenu et augmenté la gloire de leur
nation par leur valeur et leur sagesse.

C'est pourquoi nous attestons et certifions publiquement
que messire Édouard Colbert, — ascendant au sixième
degré [1] d'illustre messire Charles-Édouard, marquis de
Seignelay, secrétaire d'Etat et surintendant de la marine en France, ascendant au cinquième degré d'illustre messire Jean-Baptiste Colbert, marquis de Seignelay, conseiller et secrétaire d'État, contrôleur général
des finances et surintendant des bâtiments du roi, de
messire Charles Colbert, marquis de Croissy et de Torcy,
conseiller du roi en tous ses conseils, président à mortier
au parlement de Paris, ministre secrétaire d'État du roi
très-chrétien, son ambassadeur auprès de notre très-cher
frère de glorieuse mémoire, et qu'à ce titre nous avons
en affection particulière ; de messire Audoart [2] Colbert,
comte de Maulevrier, lieutenant général des armées du
roi très-chrétien et gouverneur de la ville et de la citadelle de Tournai, et qui a survécu à de nombreuses bles-
sures et échappé à de nombreux dangers bravés dans les
combats ; quatrième ascendant de messire Oudart Colbert,

[1] Il y a très-probablement erreur ici. D'Édouard Colbert, fils de celui qui vint en France vers 1280, au marquis de Seignelay né en 1651, il
doit y avoir eu plus de six générations. On conçoit facilement que
les Écossais n'aient pas suivi exactement la filiation à partir d'É-
douard, une fois celui-ci établi en France. Les Écossais ne pouvaient
attester qu'une chose, le passage d'un des membres de la famille Colbert en France, et en indiquer l'époque. Ce fait, et la coexistence
dans les deux pays de deux familles ayant même nom et mêmes armes, sont les seuls points sur lesquels on doive insister, et ils sem-
blent irrécusables.

[2] Audoart, Oudart, Odart, par corruption du nom d'Édouard.

Terron Domini, abavum; Domini Gerardi Colbert, Domini de Crèvecœur, proavum; Domini Edivardi Colbert avum; Domini Fauqueti Colbert patrem legitimum, et legitimo toro et matrimonio ex utroque parente Scoto generoso et nobilissimo natum esse, et ex nobilibus et admodum præclaris familiis paternum et maternum genus jam multis retro sæculis traxisse, utpote ortum patre nobili et honorabili viro Edivardo Colbert et conjuge sua Domina Maria Lindsay, qui ex Scotia in Franciam transmigrarunt; avo Domino Georgio Colbert, barone de Castlehill (Castellomonte) in agro Invernessensi, et conjuge sua Domina Maria Ross; proavo Domino Jacobo Colbert de Castlehill et conjuge sua Domina Joanna Fraser; abavo Domino Georgio Colbert de Castlehill et conjuge sua Domina Catharina Dunbar; atavo Domino Jacobo Colbert de Castlehill et conjuge sua Domina Elisabetha Lyon, filia illustrissimi Domini baronis de Glamis mascula et recta linea orti, ex Domino de Glamis, Roberti secundi Scotorum regis genero et cancellario magno, cujus successor nunc quidem gaudet titulo comitis de Strathmore et Kinghorn, suæ gentis princeps.

Prædicti vero omnes Colberti regii barones de Castlehill, familiæ suæ phylarchæ, sæpissime vel a baronibus agri Invernessensis vel ab urbe electi (nempe eo munere fungendo maxime idonei) in publico omnium ordinum conventu (quod Parliamentum vocant) sæpius delegati fuerunt, atque quidem nunc eo, ut diximus, honore fungitur Dominus Joannes Colbert, baro de Drakies, ex dicta prænobili familia Colbertorum de Castlehill oriundus; primam vero suam originem a plaga regni nostri australi, quippe qui Sancto Cuthberto consan-

seigneur de Terron ; troisième ascendant de messire Gérard Colbert, seigneur de Crèvecœur ; aïeul de messire Édouard Colbert ; père légitime de messire Fauquet Colbert, — est né en légitime mariage de très-nobles et très-illustres parents écossais, tant du côté maternel que paternel, et de familles également nobles et illustres depuis bien des siècles, étant fils de noble et honorable homme Édouard Colbert et de dame Marie Lindsay, sa femme, qui passèrent d'Écosse en France, lequel Édouard était fils de messire George Colbert, baron de Castlehill (Château-Mont), au pays d'Inverness, et de dame Marie Rose, sa femme. Ledit George était issu de messire Jacques Colbert de Castlehill et de dame Jeanne Fraser, sa femme ; ledit Jacques, fils de messire George Colbert de Castlehill et de dame Catherine Dunbar, sa femme ; lequel George était issu de Jacques Colbert de Castlehill et de dame Élisabeth Lyon, sa femme, fille d'illustre messire baron de Glamis, descendant en ligne directe, et du côté paternel, de messire de Glamis, gendre de Robert II, roi d'Écosse, et son grand chancelier, dont le successeur, chef de sa maison, porte aujourd'hui le titre de comte de Strathmore et de Kinghorn.

Tous lesdits Colbert, chefs de leur maison, barons royaux de Castlehill, furent très-souvent choisis et délégués soit par les barons du pays d'Inverness, soit par la ville, pour soutenir leurs droits dans l'assemblée des États, appelé Parlement, car on les connaissait propres à s'acquitter de cet emploi, dont est maintenant chargé, comme nous l'avons dit, messire Jean Colbert, baron de Drakies, issu de ladite très-noble maison des Colbert de Castlehill, qui a pris naissance

guinei et summi cultores, nomine ejus in cognomen assumpto, duxerunt a Cimbricæ Chersonesis colonis Cuthbert, a Scotis vero Culbert, et Franci ad suæ linguæ suavitatem Colbert proferunt, atque ob egregiam suam in prœlio hardlavensi fortitudinem insigniis (vulgus *arma* vocant) Culbertorum de Castlehill (serpenti nimirùm cæruleo) fascia rubra additum est ad perpetuum honoris sui documentum.

Avia vero Domina Maria Rose filia fuit Domini Hugonis Rose, baronis regii de Kilravock, et conjugis suæ Dominæ Mariæ-Margaritæ Macdonald. Dominus Hugo filius erat Domini Davidis Rose et conjugis suæ Dominæ Isabellæ Scrymgeour, filiæ Domini Thomæ Scrymgeour, constabularii de Dundee et vexilliferi regii nati perpetui, cujus posteri sunt comites de Dundee et gentis suæ antiquissimæ principes, et conjugis suæ Isabellæ Grant filiæ baronis de Grant suæ familiæ principis. David Rose filius fuit Roberti Rose baronis regii de Kilravock, linea quidem recta ex comitibus de Rose orti, gentis suæ principibus, et conjugis suæ Dominæ Margaritæ Caddell, filiæ Domini baronis de Caddell, vicecomitis hæreditarii vicecomitatus de Nairne, familiæ suæ phylarchæ.

Domina Maria-Margarita Macdonald filia fuit Æneæ Macdonald, baronis de Glencairn decessoris illustrissimi et fidelissimi Domini baronis de Glencairn, et conjugis suæ Dominæ Margaritæ Macleod, filiæ Domini Rodorici Macleod, baronis regii de insula Herreis, gentis suæ phylarchæ, et conjugis suæ Dominæ Joannæ Mackenzie, filiæ illustrissimi Domini de Mackenzie, regii baronis de Kintail (nunc sunt comites de Seaforth) gentis suæ principis. Dominus Æneas filius fuerat Domini Donaldi Macdonald de Glen-

dans la partie méridionale de notre royaume d'Écosse.
Son nom vient de celui de saint Cuthbert, qui était de
cette maison , et pour lequel ses parents avaient une
grande vénération ; Cuthbert, comme on prononçait dans
le Jutland, devint pour eux un surnom de famille ; en
Ecosse, on disait Culbert; en France, Colbert, à cause
de la douceur de la langue.

Pour perpétuer la mémoire de la valeur que lesdits Colbert de Castlehill firent paraître à la bataille d'Harlaw, on
ajouta à leurs armes (qui étaient un serpent d'azur) une
fasce de gueules.

Dame Marie Rose, aïeule d'Edouard Colbert II, était fille
de messire Hugo Rose, baron de Kilravock , et de dame
Marie-Marguerite Macdonald, sa femme. Ledit messire
Hugo était fils de messire David Rose et de dame Isabelle Scrymgeour, sa femme, fille de messire Thomas
Scrymgeour, connétable de Dundee et porte-enseigne héréditaire du roi, lequel eut pour successeurs les comtes Dundee, chefs de leur ancienne maison, et de dame Isabelle
Grant, sa femme, fille du baron de Grant, chef de sa race.
David Rose naquit de Robert Rose, baron de Kilravock,
issu en ligne directe des comtes de Rose , chefs de leur
maison , et de dame Marguerite Caddell, sa femme, fille
de messire le baron de Caddell, vicomte héréditaire de la
vicomté de Nairne, chef de sa maison.

Dame Marie-Marguerite Macdonald était fille d'Énée
Macdonald, baron de Glencairn, ancêtre de notre illustre et
fidèle messire baron de Glencairn, et de dame Marguerite
Macleod, sa femme, fille de messire Roderic Macleod, ba-
ron de l'île d'Herre, chef de sa famille, et de dame Jeanne
Mackenzie, sa femme, fille d'illustre messire de Macken-

cairn et conjugis suæ Dominæ Catharinæ Macleod, filiæ Domini baronis regii de Duckart in Mull, gentis suæ phylarchæ.

Domina Joanna Fraser Domini Jacobi Colberti conjux filia erat Domini Simonis Fraser, baronis regii de Doirs et conjugis suæ Dominæ Issabellæ Macintosh, filiæ regii baronis de Macintosh, gentis suæ phylarchæ, linea quidem recta ex illustribus Macduff comitibus de Fife orti, et uxoris suæ Dominæ Elisabeth Maitland, filiæ regii baronis de Lethington (nunc sunt comites, nuper erat dux de Lauderdale) gentis suæ principis.

Dominus Simeon Fraser filius fuit Domini Joannis Fraser de Doirs, linea mascula a Domino Fraser magno et illustrissimo orti, et conjugis suæ Dominæ Euphaniæ Carnegie, filiæ illustrissimi baronis de Carnegie (nunc vero comites de Southesk) gentis suæ principis.

Domina vero Catharina Dunbar, Domini Georgii Cuthberti uxor, filia erat Domini Joannis Dunbar, baronis Moraviæ regii de Tarbat vicecomitatus vicecomitis ex illustrissimis comitibus de March et Dunbar linea quidem recta oriundi, et conjugis suæ Dominæ Catharinæ Murray, filiæ illustris baronis de Tullibardine (nunc vero comitis de Tullibardine et comitis et marchionis de Athol, privati sigilli nostri custodis) et gentis suæ numerosissimæ principis.

Domina autem Maria Lindsay Domini Edivardi conjux fuit filia Domini Joannis Lindsay baronis de Edzell, et conjugis suæ Dominæ Margaritæ Irvine. Dominus Joannes Lindsay filius fuit Domini Joannis comitis de Crawfoord gentis suæ principis et conjugis suæ Dominæ Mariæ Gordon. Joannes vero comes filius fuit Domini

zie, baron de Kintail, chef de sa maison, de qui descendent les comtes de Seaforth. Messire Énée était fils de messire Donald Macdonald de Glencairn et de dame Catherine Macleod, sa femme, fille du baron de Duckart in Mull, chef de sa famille.

Dame Jeanne Fraser, femme de messire Jacques Colbert, était fille de messire Simon Fraser, baron de Doirs, et de dame Isabelle Macintosh, sa femme, fille du baron de Macintosh, chef de sa maison, issu en ligne directe des illustres Macduff, comtes de Fife, et de son épouse dame Élisabeth Maitland, fille du baron de Lethington, chef de sa maison, d'où descendent les comtes de Lauderdale, dont l'un était duc il y a peu de temps.

Messire Simon Fraser était fils de messire Jean Fraser de Doirs, issu du côté paternel de haut et illustre messire Fraser, et de dame Euphanie Carnegie, sa femme, fille du très-illustre baron de Carnegie, chef de sa maison, d'où descendent les comtes de Southesk.

Dame Catherine Dunbar, femme de messire George Colbert, était fille de messire Jean Dunbar, baron de Tarbat, vicomte de la vicomté de Moravie, issu en ligne directe des illustres comtes de March et Dunbar, et de dame Catherine Murray, sa femme, fille de l'illustre baron de Tullibardine, chef d'une maison aussi nombreuse qu'illustre, d'où descendent le comte de Tullibardine, le comte et marquis de Athol, notre garde des sceaux.

Dame Marie Lindsay, femme de messire Édouard, était fille de messire Jean Lindsay, baron de Edzell, et de dame Marguerite Irvine, sa femme. Messire Jean Lindsay était fils de messire Jean, comte de Crawfoord, premier de sa maison, et de demoiselle Marie Gordon, sa femme. Le

Alexandri Lindsay illustrissimi Domini baronis de Glenesk, et conjugis suæ Dominæ Joannæ Graham. Dominus Alexander filius fuit Domini Joannis Lindsay illustris Domini baronis de Glenesk et conjugis suæ Dominæ Catharinæ, filiæ illustrissimi Domini Fleming baronis de Biggar (nunc vero est comes de Wigton) gentis suæ principis.

Domina Maria Gordon filia erat Georgii comitis de Huntly regni Scotiæ cancellarii, et conjugis suæ Dominæ Joannæ Stewart filiæ natu quintæ Jacobi primi Scotorum regis et reginæ suæ Joannæ Seymour filiæ ducis de Somerset, filii tertii Domini Joannis ducis Lancastriæ, vulgo de Gaunt, qui Dominus Joannes filius fuit quartus serenissimi Edivardi tertii regis Angliæ. Jacobus vero, rex Scotorum, filius fuit serenissimi Roberti tertii, regis Scotorum, et reginæ suæ serenissimæ Annabellæ Drummond, filiæ illustris baronis de Stobhall, cui linea recta et mascula succedit Jacobus illustris Dominus de Drummond, comes de Perth, antiqui regni nostri Scotiæ cancellarius summus et gentis suæ nobilissimæ et numerosissimæ princeps. Domini Georgii cancellarii parens fuerat Alexander comes de Huntly (nunc ejus successor præclarissimus est marchio de Huntly et dux de Gordon, gentis suæ nobilissimæ princeps) et mater Domina Euphania Crichton, baronis de Frendraught, equitis aurati (nunc vicecomes) filia.

Domina Joanna Graham, Alexandri Lindsay uxor, filia fuerat illustrissimi Domini de Graham, baronis de Magdock, cujus posteri sunt marchiones Montis-Rosarum, gentis suæ præclarissimæ principes et conjugis suæ Dominæ Joannæ Campbell, filiæ illustris Domini baronis de Glenesk (nunc comites de Breadalbane).

comte Jean était fils de messire Alexandre Lindsay, baron de Glenesk, et de dame Jeanne Graham, sa femme. Messire Alexandre était fils de messire Jean Lindsay, baron de Glenesk, et de dame Catherine Fleming, sa femme, fille d'illustre messire Fleming, baron de Biggar, chef de sa maison, d'où sort le comte de Wigton.

Dame Marie Gordon était fille de George, comte de Huntly, chancelier du royaume d'Écosse, et de dame Jeanne Stewart, sa femme, cinquième fille de Jacques Ier, roi d'Écosse, et de la reine Jeanne Seymour, sa femme, fille du duc de Somerset, troisième fils de messire Jean, duc de Lancastre, ordinairement désigné sous le nom de de Gaunt, lequel messire Jean était le quatrième fils d'Édouard III, roi d'Angleterre. Jacques, roi d'Écosse, était fils de Robert III, roi d'Écosse, et de la reine Annabelle Drummond, sa femme, fille d'illustre baron de Stobhall, de qui descend en ligne directe et du côté paternel illustre messire Jacques de Drummond, comte de Perth, grand chancelier de notre ancien royaume d'Écosse, chef de sa maison aussi noble que nombreuse. Messire George, chancelier, avait eu pour père Alexandre, comte de Huntly, de qui descend très-illustre marquis de Huntly, duc de Gordon, chef de sa maison, et pour mère, dame Euphanie Crichton, fille du baron de Frendraught, chevalier doré, dont le descendant a le titre de vicomte.

Dame Jeanne Graham, femme d'Alexandre Lindsay, était fille de très-illustre messiré de Graham, baron de Magdock, d'où sont issus les marquis de Montrose, chefs de leur maison, et de dame Jeanne Campbell, sa femme, fille d'illustre messire baron de Glenesk, dont les descendants s'appellent comtes de Breadalbane.

Domina Margareta Irvine, Domini Joannis Lindsay de Glenesk uxor, filia fuit Domini Alexandri Irvine, illustris baronis de Drum, equitis aurati, et conjugis suæ Isabellæ Keith. Dominus Alexander Irvine filius fuit Domini Alexandri Irvine de Drum, et conjugis suæ Dominæ Marjoriæ Forbes. Dominus Alexander Irvine filius fuit Domini itidem Alexandri Irvine, baronis illustris de Drum, equitis aurati, gentis suæ ab aquilone principis, et conjugis suæ Dominæ Mariæ Hay, filiæ comitis de Errol , regni nostri Scotiæ constabularii summi et gentis suæ nobilissimæ principis.

Domina Marjoria Forbes filia erat illustrissimi Domini de Forbes, gentis suæ antiquissimæ et nobilissimæ principis et inter perillustres barones regni in comitiis primi , et conjugis suæ Dominæ Marjoriæ Douglas , filiæ illustrissimi comitis de Douglas (nunc vero sunt marchiones) gentis suæ fortissimæ principis.

Domina Isabella Keith filia erat Domini Joannis Keith, comitis marischalli Scotiæ et gentis suæ principis, et uxoris suæ Dominæ Christianæ. Comes marischallus filius erat Domini illustris marischalli et conjugis suæ Dominæ Margaretæ Ogilvy, filiæ illustrissimi Domini et baronis de Ogilvy, gentis suæ principis, nunc comitum de Airly titulo gaudent.

Domina Christiana Seaton filia fuit Domini Georgii Seaton, illustris Domini baronis de Seaton, gentis fidelissimæ suæ principis (posteri merito comites de Roucton salutantur) et conjugis suæ Dominæ Janetæ Lindsay, filiæ illustris Domini baronis de Lindsay : comitis Crawford-Lindsay honore gaudent ejus posteri.

Qui omnes legitimis nuptiis copulati , et ex legitimis et

Dame Marguerite Irvine, femme de messire Jean Lindsay de Glenesk, était fille de messire Alexandre Irvine, baron de Drum, chevalier doré, et d'Isabelle Keith, sa femme. Messire Alexandre Irvine était fils d'autre messire Alexandre Irvine de Drum et de dame Marjorie Forbes, sa femme. Messire Alexandre Irvine était fils d'autre Alexandre Irvine, baron de Drum, chevalier doré, chef de sa maison, et de dame Marie Hay, sa femme, fille du comte de Errol, grand connétable de notre royaume d'Écosse et chef de sa très-noble maison.

Dame Marjorie Forbes était fille de très-illustre messire de Forbes, chef d'une très-ancienne et très-noble maison, et tenant le premier rang parmi les plus illustres barons du royaume, et de dame Marjorie Douglas, sa femme, fille de très-illustre comte de Douglas, chef d'une maison renommée pour sa valeur, et dont les descendants ont le titre de marquis.

Dame Isabelle Keith était fille de messire Jean Keith, comte et maréchal d'Écosse et chef de sa maison, et de dame Christine Seaton. Le comte maréchal était fils d'illustre maréchal Keith et de Marguerite Ogilvy, sa femme, fille de très-illustre messire baron de Ogilvy, chef de sa maison, et dont les descendants jouissent du titre de comtes de Airly. Dame Christine Seaton était fille de messire George Seaton, baron de Seaton, chef de sa très-fidèle maison, et dont les descendants s'appellent comtes de Roucton, et de dame Jane Lindsay, sa femme, fille d'illustre messire baron de Lindsay, dont les descendants jouissent du titre honorable de comte de Crawford-Lindsay.

Tous les susnommés ayant contracté de légitimes ma-

ipsi toris, et vere nobilibus familiis oriundi, a serenissimis Scotorum regibus , decessoribus nostris fortissimis, ob præclara in hostes facinora et admodum probatam in patriam fidem, magnis honoribus et muniis condecorati; ad posteros etiam adhuc superstites et numerosos, majorum suorum virtutum et gloriæ æmulos, famam suam cum sanguine puram et illibatam transmisêre.

Quæ quidem omnia, sicut ex se vera sunt et firma, sic etiam, ut apud universos et singulos testatiora et certiora fiant, et cunctis pro manifestis innotescant, nos libere et prompte libellis hisce assertoriis et litteris patentibus, sigillum nostrum augustius appendi mandavimus.

Datum Edinburgi, ex nostro Sanctæ Crucis palatio, anno a Beatæ Virginis partu supra millesimum sexcentesimum octogesimum septimo, regni vero nostri secundo.

Per actum Parliamenti ad magnum sigillum scriptum et registratum, vicesimo primo die mensis May 1687.

Ces lettres scellées en cire rouge aux armes du roi d'Angleterre sur lacs et rubans or, rouge et bleu, auxquels pendent deux couleuvres d'argent mordant une couronne ducale.

(D'après une copie ancienne signée par d'Hozier de Sérigny.
Voir aussi Biblioth. imp., carton Colbert.)

riages, en étant issus eux-mêmes, et sortis de familles vraiment nobles, ayant été élevés aux plus hautes charges et dignités par nos très-puissants ancêtres les rois d'Écosse, en considération de leurs beaux faits d'armes et de leur dévouement éprouvé envers leur patrie, ont transmis leur renommée à leurs nombreux descendants, aujourd'hui vivants, et leur ont donné avec le sang le désir de soutenir les vertus et la gloire de leurs ancêtres.

En foi de quoi, et afin d'en attester devant tous l'entière vérité, nous avons de notre plein gré et avec empressement octroyé ces Lettres patentes, et y avons fait apposer notre sceau.

Donné à Édimbourg, en notre palais de Sainte-Croix, l'an mil six cent quatre-vingt-sept de l'enfantement de la Bienheureuse Vierge, et le deuxième de notre règne.

Écrit et enregistré sous le grand sceau, par acte du Parlement, le vingt-unième jour du mois de mai 1687.

CERTIFICATE AND TESTIMONIAL

Under the hand and seal of the lord Lyon king of arms in Scotland of the illustrious extraction and descent of the honourable John Cuthbert baron de Castlehill and of the honourable Jean Hay of Dalgethy his spouse and their male issue and concerning the antiquity, armorial bearing and sirname of the said family of Castlehill.

A CHRONOLOGICAL ACCOUNT

Of the origin, settlement, armorial bearing, and sirname, of the illustrious family of Cuthbert of Castlehill, in the county of Inverness in Scotland; called vulgarly Cobbert, and Colbert, and in the earse language, Guivert.

This illustrious family came originally to Scotland from the country of the Northumbrians in the north of England where it was settled about the year of Christ seven hundred. Alfred reigned then in that country which made one of the kingdoms of the Heptarchy and had lately embraced christianity by the zeal and instructions of the bishop of Lindisferne who was of the same stock and family from which is descended the family of Castlehill as sufficiently proved from the antient protection granted on that account by the kings of Scotland to that illustrious family from their sirname and armorial bearing and as has been acknowledged by an act of the parliament of Scotland in the year one thousand six hundred and eighty seven.

The Picts, a nation in the neighbourhood of the Northumbrians and who inhabited the south of Scotland were at that period for the most part pagan and always at war with the Albanichs who inhabited the white hills of Scotland on the northwest. The latter had then already embraced christianity some time. Alfred a man of letters as well as zealous for the propagation of the belief and law wherein he had been newly instructed and truely animated with its spirit of charity laid himself ardently out in procuring and cementing peace betwixt those two nations his neighbours and the more so that he had conceived a particular esteem for the king of the Albanichs, Eugene the fifth his contemporary, who was likewise a man of letters and a christian. Alfred gave commission to the bishop of Lindisferne his subject and institutor in christianity to negotiate this peace betwixt them. He hoped thereby to see the religion which he had newly embraced himself more easily established among the Picts as appears from the history of Scotland by Buchanan and others.

The holy bishop laid himself out with the greatest wisdom and impartiality to bring about this peace and succeded. He brought both nations to agree that they should never thereafter attack each other with their whole forces and that the king of the Picts should give his daughter in marriage to the king of the Albanich's eldest son which was accordingly executed. By this alliance it happened that soon thereafter the rights to the crowns of the Alba-

nichs and the Picts were united in the person of Eugene
the seventh king of the Albanichs descended from this
marriage although these rights were not made effectual
untill king Kenneth's time in the year eight hundred and
fifty four. Thereby however the Albanichs and the Picts
became one and the same nation and were known by the
name of Scots as appears from all scottish historians.

But Alfred while he charitably procured peace betwixt
the nations his neighbours could not cover himself from
those revolutions to which all crowns were more particularly subjected in those times of ignorance and confusion.
He was chased out of his kingdom and oblidged to take
refuge with the king of the Picts who endeavoured in vain
to restore him to his throne.

By this revolution by the unsuccessfull assistance of the
king of the Picts and by the death of the bishop of Lindisferne the kindred of this worthy prelate were oblidged to
quitt their native country and to seek refuge abroad.
Abercrombie a modern scottish historian says, this bishop (in after times honoured as a saint) was Scottish and
left his country to go and preach the Gospel to the
Northumbrians. Bede a contemporary with the bishop
imagines him to be of the country of the Northumbrians.

The bishop's kindred who where distinguished in those
antient times by no other name than that of George, which
the head of the family had received in baptism at his em-
bracing christianity came to ask protection and refuge
from the king of the Albanichs whose residence was fre-
quently at Inverness and who full of gratitude for the
peace which the bishop of Lindisferne had negotiated
with so much dexterity and uprightness betwixt his

grandfather and the king of the Picts received them with goodness untill such time as he could give them employment in his service or otherways provide for them.

These marks of the royal goodness, tho' not yet accompanied with a solid establishment, having acquired to them the highest consideration in the town of Inverness, they did from that time fix their abode there, in order to be near at hand to offer their services and shew their attachment to the kings. They had the good fortune to distinguish themselves from those early times in the troops which the town of Inverness was bound to send to the field for the kings service, and as a recompense for their valour and signalized exploits in that station, they obtained then together with the freedom or burgess right of that town the lands of Dreggie or Drakies in vassalage or feuholding thereof which they still possess. Their influence both in the king's court and in the town of Inverness engaged thereafter the baron of Dacus in the neighbourhood to give them in vassalage the lands of Muckovie to be held of him, which they likewise still possess. It was not till long thereafter that they obtained from the king in recompense of their constant and distinguished services the lands that compose the barony of Castlehill, which they got as a royal holding or feu with a fortified castle under the burthen of military service.

These events which regard their first settlement at Inverness are presumed from the proofs of the high antiquity of this family to have happened about the year nine hundred and fifty, a little after king Kenneth by his birthright as well as conquest had united the kingdom of the Picts to that of the Albanichs. Such is the tradition in the family of Castlehill about its origin, its first illustration and its settlement in Scotland, the principal facts whereof are set down by the best historians such as Bede, Fordun, Boece, Buchanan, etc.

The dates of the first concessions of the lands of Drakies and Muckovie, as well as of the lands of Castlehill, are now unknown, the primitive titles having been destroyd during the invasion of Scotland by king Edward the first of England, and in the wars of the great families of the country amongst themselves. The use of publick registers to supply for losses of this kind was introduced in very late ages.

This royal feu in all the charters both antient and modern is designed *Auld Castlehill*, the castle upon it was most probably the antient habitation of the kings of the Albanichs at Inverness, but since the union of the kingdoms of the Albanichs and the Picts, king Duncan, as it is said, caused build a new castle on a rising ground in the middle of the town which commands it and is likewise called Castlehill; but it is now in ruins. It had been repaired and fortified about the year one thousand seven hundred and thirty, but prince Charles Edward, in the year one thousand seven hundred and forty six, caused blow up the castle with the fortifications.

This illustrious family in possession through a great many ages of the lands of Castlehill, as likewise of the lands of Muckovie holding of the baron of Dacus and of the lands of Drakies holding of the town of Inverness, near which is their residence, was known and distinguished in those antient times and in the newness of christianity in that country only by the usual name of baptism of the head of the family, which was George; and upon that account, the head of this family, like the chieftains of other illustrious families in the Highlands of Scotland, who have their particular distinctive baptismal names, continues always to be known and distinguished in the highland scottish language which is still at this day the vulgar in all the county of Inverness, where the barony of Castle-hill is situated, by the patronimical sirname of Mac George without any other denomination, such sirnames being the only ones used in the Highlands till the eleventh century.

Patronimical sirnames as they were the first given so they were commonly the most durable in the great Highland families. Others given on account of some quality of the mind, of the heart or of the body, as well as those drawn from the place of the residence, were more subjected to alteration, as being personal. The family of Castle-hill has sirnames of all these different kinds, excepting from the qualities of the body, and it is the antient possession and transmission of these different sirnames according to the different ages wherein they shined and distinguished themselves, wherein the national customs likewise underwent changes and wherein accordingly it was usual to get sirnames of these different kinds, that constitutes the surest proofs of their high antiquity. The antient written proofs of their illustrious existence having been destroyd by the invasion of Edward the first and in the intestine wars of the kingdom, which it may be said is the case with most of the other illustrious Highland families.

It was relatively to the primitive illustration of this family that at the thime of the introduction of armorial bearings amongst the gentry of Europe, they took for theirs a guivre in pale azure armed gules in a field or, as being the most expressive symbol of their wisdom and uprightness in the negotiation of the peace which acquired to them this their first and great illustration. They took for crest a naked hand holding a branch of olive and for motto *perite et recte.*

In consequence of this same illustration and of the above armorial bearing, when sirnames other than patronimical were introduced and became fixed in the twelvth century, this family got in the highland scottish language, the vulgar about Inverness where they had been long before settled, the sirname of *Guivert* or *Guibert* besides that of Mac George, which the chief carried ever since the family had become christian, in so much that at this very day all the descendants of this family are not called otherways than *Guivert* in the highland or earse language, either from the corruption of the word *Guivre,* which in herauldry signifies serpent, which they had taken for their arms, or from the word *Cou,* which in earse signifies word, wisdom, and which signifies holy, virtuous, and *Bart* or *Vart* which signifies rich, that is to say *Rich in holy wisdom,* to perpetuate the remembrance and tradition of their origin and settlement.

It was after the union of the highland or albanich nation and the pictish under the same king and under the common name of Scots, and after the pictish language had prevailed over the albanich and became the language of the court, of the assemblies of the states, and of the parliaments, that this family got in the pictish language the sirname of *Cuthbert* or *Cudbert,* which as Camden explains it in his work called *Britannia or the Antiquities of Britain*, wrote about the year one thousand six hundred under queen Elisabeth, signifies *Illustrious for skill*, and happens, equally as *Guivert* in the earse language, to be relative to the primitive illustration of the family of Castlehill and to the armorial bearing which was granted to them to perpetuate the tradition thereof. The word *Cuth* signifies *Skill*, and *Bert*, *illustrious*, which name the bishop of Lindisferne got in the same language probably on that account.

In these distant times it was very common to translate sirnames from one language into another, and even more recently, especially when they were significant and the languages original. Otherwise, when sirnames had no significance, or when it was not attended to by the vulgar, as is often the case, people commonly did nothing but add or cut off a letter at the end of a name, transfer or substitute one letter for another in the middle, according to the nature of the name, or as it suited better the genius of the language or particular idiom.

Many instances might be cited of these last alterations or changes of a letter in the middle, as in Stuart, Douglas, Sinclair, and without going further, in that of Cuthbert itself, given to this family in the pictish language. For although it was therein significant or relative to the first illustration and written according to the etymology, yet it has ever, in speaking the pictish language, been pronounced at Inverness, near to which is the residence of the barons of Castlehill, as if written *Cobbert*, because of the difficulty and harshness which the natives of that town find in articulating the different consonants that compose it ; and the natives of Edinburgh fort he like reason, as likewise the French wo antiently resorted thither, softened it yet more, and pronounced it as if written *Culbert* or *Colbert*, which the armorial bearing of the family (in the latin *Coluber*) led them yet more easily to do, especially about the beginning of the thirteenth century, when arms became fixed and the latin was universally familiar over Europe. Thence if happened that the descendants of this family that are antiently settled about Edinburgh and Tranent, as well as those of them that went over into France, have allowed their name to be wrote according to this last pronounciation, and continue still to do so, which the ancestors of their respective branches were at first in all probability led to do from their not knowing in these times either to read or write tho' of illustrious extraction.

From these various circumstances it has happened that the stock itself of the family, though constantly designed in all their charters by the pictish denomination of Cuthbert only, has ever continued to be known and called in the vulgar pronounciation by the several different sirnames above mentioned, which do always vary to this day with the language and idiom while at the same time these different denominations have never ceased to be looked on as synonymous and the same and as equally and only proper to this family, and have been acknowledged and declared such by an act of the Parliament of Scotland in the year one thousand six hundred and eighty seven, ascertaining the descent of John Baptiste Colbert, marquiss of Seignelay, from this illustrious family, by Edward Colbert, a son thereof, who went over into France with Mary Lindsay of Edzell, his spouse, about the year one thousand two hundred and eighty, accompanying Christiana de Baliol, neice of king Alexander the third, when this princess went there to marry Engerand de Guines, lord of Coucy, where having lived sometime and left issue, the said Edward died at Rheims and was there buried.

This identity of the various sirnames had been likewise certified at that time by the testimonial of the magistrates of Inverness, and has been again certified by the present magistrates of date the fourth of november one thousand seven hundred and sixty nine in favours of Lachlane Alexander and Seignelay Colbert called in the earse language Guivert, and in the pictish Cuthbert, all younger children of this illustrious family, immediately descended from the same barons of Castlehill, and now settled these several years past in France.

The barony of Castlehill is contiguous to the town of Inverness insomuch that some houses built upon its demesne do form a suburb of the town where the baron of Castlehill has his baillie to administrate justice. This barony is bounded on the north by the town of Inverness and by the sea, and extends with Dreggie and Muckovie, the other lands of the family, to the east and south as far as the lands of the earl of Murray on the river Nairn and to the estate of Culloden famous for the battle fought there in the year one thousand seven hundred and forty six.

The family of the Cuthberts while possessed from male to male of the lands of Drakies, Muckovie and Castlehill from remote ages did at the same time fill the most distinguished offices in the state, such as that of high sherriffs of the counties of Inverness and Ross, whereof they did always acquit themselves with honour and the strictest faithfullness, as likewise of the trust of knight of the shire. They had likewise been founders of a chappel in Inverness which they dedicated to Saint Cuthbert, but which was destroyd at the introduction of calvinism into the kingdom. The family has always preserved its right of burying in the ground whereon the chappel was built. The foundation of this church by the family appears from doctor George Mazkenzie on the life of Saint Cuthbert, vol. I, page 367.

It was in consideration of the great valour and high exploits which the head of this family shewed at the battle of Harlaw, in the year one thousand four hundred and eleven, in support of king James the second against Mac Donald lord of the isles whose standard he took at this battle, when as chief vassal of the town of Inverness by his lands of Dreggie he led into the field the troops of that town, that the king then granted to George Cuthbert, chief of the name, as a recompense for his signalized services and as a perpetual mark of distinction, a fess gules in a field or additional to the guivre azure, the former armorial bearing of the family which they afterwards bore in chief, and that this prince ordered him to take for crest a hand in a gauntlet holding an arrow, and for motto *nec minus fortiter;* there his likewise added to the above atchievement two bay coloured with horses for supporters, whereof the vouchers are in the archives of the colledge of heraulds in Scotland.

The family of the Cuthberts, alter the destruction of their more antient records by the English under Edward the first and afterwards by other accidents, were in the

habit, as other families in that country, of making a resignation of their feus into the hands of the king and of
their other superiors, in order to obtain new charters
confirmative of their possessions; but their antient charters even of this kind, particularly of their lands of Drakies and Muckovie, whereof no publick record was made
as holding only of particular superiors, were yet more
lately taken from them or destroyd during the hostilities
betwixt the great families in the country, but chiefly by
the Macdonalds, when the lord of the isles rose in arms
to mantain his right to the county of Ross. This lord
treated in the same manner the town of Inverness and the
most of the great families about it , by destroying their
charters, registers and writings, and by laying waste all
the country. The reformers of religion some time thereafter destroyd with the churches all the church writings
that could any ways supply such losses , so that the an-
tientest charters this family now possess are that of the
lands of Auld Castlehill, granted to William Cuthbert by
king James the third in the year one thousand four hundred and seventy eight, and that of queen Mary for the
same lands in the year one thousand five hundred and
forty eight, granted to George Cuthbert, nephew and apparent heir of John Cuthbert of Auld Castlehill, and to his
heirs male. They have likeways other titles at different
periods after this charter and since the erection of the
barony by king James the Sixth, which consist chiefly
in a charter of confirmation from king Charles the first,
dated the first of august one thousand six hundred and
twenty five, and in consecutive infeftments and seasines
of said lands.

The head of the family of Castlehill , tho' so antiently proprietor of that of this estate, of that of Drakies or Dreggie, and of that of Muckovie, though by the nature of his feu of Castlehill he held immediately of the crown, was nevertheless not created baron of the states of the kingdom, till king James the sixth conferred that honour on him and his heirs male or assignies bearing the name and arms of Cuthbert, as appears by the charter of creation which is dated on the nineteenth of august one thousand five hundred and ninety two, vesting him with that quality and with all sort of jurisdiction thereto belonging, with the right likewise of sitting in the assemblies of the states of the kingdom wherein, as well as in the Parliaments , the distinction of house of lords and house of commons never existed as in the Parliament of England, and now in that of Great Britain; and things always remained on that footing in Scotland untill the union of the Parliaments of both kingdoms, in the year one thousand seven hundred and seven , under the reign of queen Anne.

Of which late charters and seasines that have escaped destruction beginning at that granted in the year one thousand four hundred aud seventy eight to William son of John and grand son of George who distinguished himself at the battle of Harlaw, Alexander Cuthbert hereafter mentioned has presented with the preceeding memorial in an uninterrupted series authenticated copies to the lord Lyon in order to prove as far back as evidence of this kind on account of the above misfortunate circumstances can be traced the antient and illustrious existence of the family of Castlehill, and to obtain from his lordship a certificate thereof in the legal and due form, also a testimonial of the destruction of the more antient writts of the family from the above mentioned circumstances, and likewise a certificate of the armorial bearing of the said family as recorded in the Lyon office, and of the various synonymous appellations of the sirname thereof in this kingdom so as to ascertain and make known beyond all doubt the illustrious extraction and descend of the male children and grandchildren of the late John Cuthbert baron of Castlehill, and of the late Jean Hay heiress of Dalgethy his spouse, viz : 1° of the late George their eldest son, baron of Castlehill, who espoused Mary Mac-Intosh of Holm and left by her four sons :.James, settled in Georgia in north America, Seignelay, in France, Lewis and George, in Jamaica. 2° Of the late Lachlane, their second son, who espoused Mary Margaret Hereford of Sufton and died lately in France, where he was a major general, leaving by his said spouse a son Alexander Roger, and a daughter. 3° Of their third son Alexander who is naturalized in France and commonly lives there, and 4° of their fourth son James, married and settled in Carolina. There was presented with the preceeding memorial by the above mentioned Alexander, third lawfull son of the said John Cuthbert, and of the said Jean Hay his spouse : 1° A copy duely authenticated of the charter granted by king James the third of date the twenty third of july one thousand four hundred and seventy eight, of the lands of Auld Castlehill to William Cuthbert, son of John and grandson of George, who distinguished himself at the battle of Harlaw against the king's enemies, and obtained at that time as a perpetual monument thereof a fess gules in addition to the guivre in pale, the antient arms of his family; 2° a copy likeways authenticated of the charter upon resignation of the said lands of Auld Castlehill granted by queen Mary on the twenty fourth of july one thousand five hundred and forty eight to George Cuthbert, nephew and apparent heir of John Cuthbert of Auld Castlehill, the grandson of the above William, and in favours of his heirs male; 3° a copy also duely authenticated of a charter under the great seal of the kingdom, uniting and erecting all the lands belonging to the family of Castlehill that were held of the king into a free barony in favours of John Cuthbert, son and heir of the last mentioned George, and to his heirs male or assignies bearing the name and arms of Cuthbert; this charter bears date the nineteenth day of august one thousand five hundred and ninety two; 4° service and retour William Cuthbert baron of Castlehill as heir to his father the last mentioned John, dated the thirteenth of july one thousand six hundred and twenty four; 5° authenticated copy of a charter of confirmation under the great seal of king Charles the first, dated the first of august one thousand six hundred and twenty five, in favours of John Cuthbert, baron of Castlehill, in consequence of a charter of resignation from his father the last mentioned William, dated the third day of december one thousand six hundred and twenty four; 6° service and retour George Cuthbert baron of Castlehill, as heir to his father the last mentioned John, dated the twenty first day of april one thousand six hundred and seventy seven; 7° authenticated extract of the seasine of John Cuthbert baron of Castlehill, of his barony granted to him by his father the last mentioned George, dated the twentieth of april one thousand six hundred and ninety nine ; 8° authenticated extract of the seasine of the liferent provision of Jean Hay of Dalgethy, spouse of the last mentioned John, dated the seventh of may one thousand seven hundred ; 9° disposition and trust by John Cuthbert baron of Castlehill to Jean Hay his spouse, and in favours of his younger children therein named for securing their patrimonies, dated the sixth day of november one thousand seven hundred and thirty one ; 10° authenticated extract of the seasine of George Cuthbert, baron of Castlehill, son and heir of the last mentioned John and of Jean Hay his spouse, of the barony of Castlehill, dated the twenty second of december one thousand seven hundred ad twenty five, upon a precept contained in his contract of marriage with Mary his spouse, daughter of James Mac-Intosh of Holm, esquire. And lastly certificates of the baptisms of the children of the last mentioned John and George barons of Castlehill, with many other writts produced in process, all which prove the state and existence of their children and grandchildren, as above set forth.

We John Campbell Hooke of Bangeston, esquire, Lyon, king of Arms, do hereby certify and make known that facts mentioned in the above memorial presented to Us relating to the antient illustration, armorial bearing and sirname of said illustrious family of Castlehill are conform to the general history of this kingdom, to the vouchers lodged in the Lyon office, and to publick notoriety : that the illustrious extraction and descent of the honourable John Cuthbert, late baron of Castlehill, and of honourable Jean Hay of Dalgethy his spouse and their descendants as above set down in an uninterrupted series and progression from George Cuthbert, who distinguished himself against the king's enemies at the battle of Harlaw in the year one thousand four hundred and eleven is supported and proved by the most regular and authentick documents all recorded in the publick archives of this kingdom and by other equally authentick vouchers and writs to Us presented ; that there is all reason to think the difficulty of traceing back with certainty and by regular vouchers the illustrious existence of the said family of Castlehill any higher than the above battle, proceeds truely, as is the case with many other antient illustrious families of this kingdom, from the general destruction of antient monuments and writings at the time of the invasion of this kingdom by king Edward the first, from the devastation afterwards in the county of Inverness by Mac Donald lord of the isles, from the more late destruction of antient monuments at the time of the reformation, and from the long want of publick registers for charters and seasines in this kingdom ; that the armorial bearing as above described and supporters on account of the erection of Castlehill into a barony and long usage, are allowed and recorded in the publick registers of the Lyon office ; that the variation of the sirname of said family according to the variation of language and idiom as above set down, is no less publickly known in this kingdom than already

solemnly acknowledged and certified by an act of the second session of the first parliament of king James the seventh, and by the testimonials of the magistrates of Inverness at that time, and of november the fourth, one
thousand seven hundred and sixty nine, presented to Us;
and that George Cuthbert of Castlehill (son of John baron
of Castlehill and his spouse a daughter of Cuthbert of
Drakies) te-last mentioned John's father, was married to
Magdalene, daughter of sir James Fraser of Brea (third
son of Simon seventh lord Lovat) and Barbara his spouse,
daughter of David Wemyss of Fingask, a younger son of
the family of the earl of Wemyss; and that William Hay
of Dalgethy bishop of Murray the above Jean Hay's father, lawfully descended in the direct male line from the
family of the earls of Errol, who are hereditary lords high
constables of Scotland, and by his mother Dorothea Bruce
of Pitharthy from the antient earls of Annandale and Car-
rick, was married to Mary, daughter of Robert Wemyss
baron of Cuttlehill, a cadet of the family of the earl of Wemyss and of his spouse Mary Sharp, a daughter of the baron of Houston, all of them antient and illustrious families
in this kingdom. In testimony whereof these presents are
subscribed by Robert Boswell, esquire, our deputy, and
our seal, of office is appended hereunto. At Edinburgh,
this first day of august, in the year one thousand seven
hundred and seventy one.

Ro. Boswell Lyon dep.

I, George Brodie esq. Rothesay herald of Scotland,
dwelling in London, do certify that John Campbell Hook

esq. is lord Lyon king of arms in Scotland, that Robert
Boswell esq. is his deputy, and that the certificate and
testimonial of the illustrious extraction and descend of
John Cuthbert baron of Castlehill and of Jean Hay of Dalgethy his wife is signed by the said Robert Boswell and
sealed with the seal of the Lyon office, both the signature
and seal being perfectly know to me and that faith is and
ought to be given thereto as such in court and thereout;
in witness whereof I have hereunto set my hand, in London, this fourth day of march in the year of our Lord one
thousand seven hundred and seventy two.

GEO. BRODIE ROTHESAY, HERALD.

Je, Jean-Paul Du Bourg, notaire et tabellion royal et
public à Londres, dûment admis et juré, certifie et atteste
à tous ceux qu'il appartiendra que George Brodie, écuyer,
hérault d'armes du royaume d'Écosse au titre de Rothesay, a signé en ma présence le certificat écrit en tête de
la quatorzième page du livre cy annexé, intitulé sur un
feuillet en tête dudit livre « Certificate and testimonial,
under the hand and seal of Lyon king of arms in Scotland, of the illustrious extraction and descent of the honourable John Cuthbert , baron of Castlehill, and of the
honourable Jean Hay of Dalgethy his spouse , and their
male issue , and concerning the antiquity, armorial bearing and sirname of the said family of Castlehill, » la
première page dudit livre commençant par ces mots :
« A chronological account etc. » Signée au bas, ainsi que
les douze suivantes, Ro : Boswell, et la quatorzième et

dernière page dudit livre contenant seulement le certificat et déclaration dudit George Brodie ; en foy de quoy j'ay signé les présentes et y ay apposé mon sceau notarial, à Londres, le dix-neuvième jour de mars l'an mil sept cent soixante et douze.

J.-P. Du Bourg, not. pub.

. Nous, Adrien-Louis, comte de Guines et de Souastre, maréchal des camps et armées du roy très-chrétien, inspecteur général de son infanterie et son ambassadeur auprès de Sa Majesté Britannique, certifions à tous ceux qu'il appartiendra que le sieur Jean-Paul Du Bourg, dont la signature est cy-dessus, est notaire public en cette ville, aux actes duquel pleine foy peut et doit être ajoutée tant en jugement que dehors ; en foy de quoy nous avons donné le présent certificat, signé de notre main, contre-signé de notre secrétaire, et à icelui fait apposer le cachet de nos armes, à Londres, le dix-neuvième jour du mois de mars, l'an de Notre-Seigneur mil sept cent soixante et douze.

Le comte de Guines.

Par Son Excellence,

S. Roger.

Monseigneur de Colbert de Castlehill, évêque et comte de Rodez, député du clergé aux États-Généraux en 1789, avait, au moment de son départ pour Paris, confié le présent titre à son ami M. de Cabrières, mon grand-père, avec prière de le rendre, soit à lui, M. de Colbert, soit à sa famille. Conformément aux intentions de monsieur de Rodez, à moi transmises par mon père, je soussigné Jacques-François-Gaspard de Cabrières ai envoyé ledit titre à M. le baron de Colbert de Castlehill, demeurant à Saint-Omer, département du Pas-de-Calais, comme seul représentant de cette ancienne famille.

Is-Bonnecombe, près Rodez (Aveyron),
23 février 1844.

G. DE CABRIÈRES.

DÉCLARATION DE CLAIRAMBAULT.

Je soussigné, généalogiste des ordres du Roi, certifie avoir dans mes registres les preuves faites pour l'ordre de Malte, aussi bien que pour l'ordre du Saint-Esprit, desquelles il résulte :

Que, par cinq procès-verbaux des preuves faites pour entrer dans l'ordre de Malte depuis soixante-seize ans, Gabriel Colbert de Saint-Pouanges a été admis dans ledit ordre en 1649 ;

Antoine-Martin Colbert, en 1668, depuis grand-croix ;

Pierre-Gilbert Colbert de Villacerf en 1676 ;

Henry Colbert de Maulevrier et Louis-Henry Colbert de Seignelay en 1688;

Que MM. les chevaliers de Saint-Pouanges et de Villacerf ont fait leurs preuves en remontant, du côté paternel, jusqu'en l'année 1540;

M. le chevalier Colbert, en remontant jusqu'à l'année 1557;

M. le chevalier Colbert de Seignelay, après avoir remonté d'obligation jusqu'à l'année 1587, pour d'autant mieux prouver la noblesse de sa ligne paternelle, rappelle les preuves faites par MM. Colbert pour entrer dans ledit ordre en 1649, 1668 et 1676, fait de plus mention de plusieurs autres titres remontant depuis 1587 jusqu'en l'année 1285, aussi bien que de l'acte donné par le Parlement du royaume d'Écosse, scellé du grand sceau dudit royaume; des lettres patentes du roi de la Grande-Bretagne Jacques II, expédiées sur cet acte en l'année 1687, vérifiées au même Parlement, portant que la maison de Colbert en France est sortie d'Écosse et reconnue par les branches qui sont encore en Écosse, y subsistant noblement et honorablement; ce qui était encore attesté par la ville d'Inverness en 1681;

Qu'en l'année 1688, Édouard-François Colbert, comte de Maulevrier, lieutenant général des armées du roi, gouverneur de Tournai, etc..., nommé chevalier des ordres de Sa Majesté, fournit ses preuves comme étant gentilhomme de nom et d'armes, lesquelles furent vérifiées et certifiées par MM. les ducs de Saint-Simon et de Montausier, commissaires nommés le 27 décembre 1688, rapportées devant le roi et admises au chapitre de l'ordre, tenu par Sa Majesté le 30 du même mois de décembre;

Que Jean-Baptiste Colbert, marquis de Torcy, chancelier des ordres du roi, ayant aussi fait ses preuves suivant les statuts pour être reçu dans ladite charge, elles furent vérifiées par les marquis de Beringhen et de Lavardin, rapportées et admises au chapitre tenu par le roi, le 2 février 1701 ;

Que cette maison, alliée à plusieurs des plus grandes maisons du royaume, a produit non-seulement des ministres qui ont servi fidèlement et utilement le roi et l'Etat pendant le cours de plus de soixante ans, mais encore plusieurs officiers généraux et autres, qui ont bravement répandu leur sang et sacrifié leur vie pour la gloire et pour le service de Sa Majesté.

En foi de quoi, j'ai signé le présent mémoire, ce 12 décembre mil sept cent vingt-cinq.

CLAIRAMBAULT.

Paris. — Imprimerie de Ad. R. Lainé et J Havard, rue des Saints-Pères, 19.